Learning World History and Culture through Movies

영화에 나타난 세계의 문화와 역사

서은미 지음

백산출판사

이 책은 2012년 호원대학교 교내 학술연구 조성비에 의해 저술되었음.

머리말

깊은 감동으로 다가왔던 〈전쟁과 평화〉, 〈의사 지바고〉, 〈바람과 함께 사라지다〉, 〈사운드 오브 뮤직〉 등 수많은 명작 영화들을 보면서, 때로는 가슴 설레며 꿈을 키워왔다.

영화를 통해서 무한한 상상의 나래를 펴고, 또 내가 방문해 보지 못했던 나라들이 큰 화면에 그림처럼 펼쳐질 때마다 그들의 모습 속에서 삶의 애환, 즐거움을 느낄 수 있었다. 영화를 감상하는 한 두 시간동안 우리는 또 다른 세계의 즐거움을 만끽할 수 있다. 영화에 등장하는 다양한 인물들의 삶을 통해서 우리는 같이 공감하고, 때로는 감정이입을 하면서 간접적인 경험을 할 수 있다.

영화를 감상하면서 다른 나라의 문화와 역사에 대해서 배울 수 있다는 것은 일상생활에서 바쁜 우리 현대인들에게 큰 위로가 될 것이다. 이 책에 소개된 영화들은 필자가 여러 번 감상하고 감명을 받았던 주옥같은 명화들이다. 영화를 적극적으로 감상하고 공부하면서 우리의 인생을 좀 더 풍부하게 만들었으면 한다.

2012년 2월 20일

서은미

차 례

영화로 재탄생한 명작 소설들

뮤지컬 영화

전쟁의 상처와 아픔, 그리고 생존

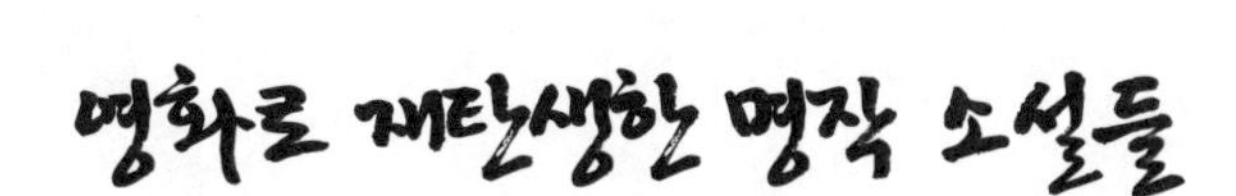

오만과 편견 _ 영국

레 미제라블 _ 프랑스

의사 지바고 _ 러시아

작은 아씨들 _ 미국

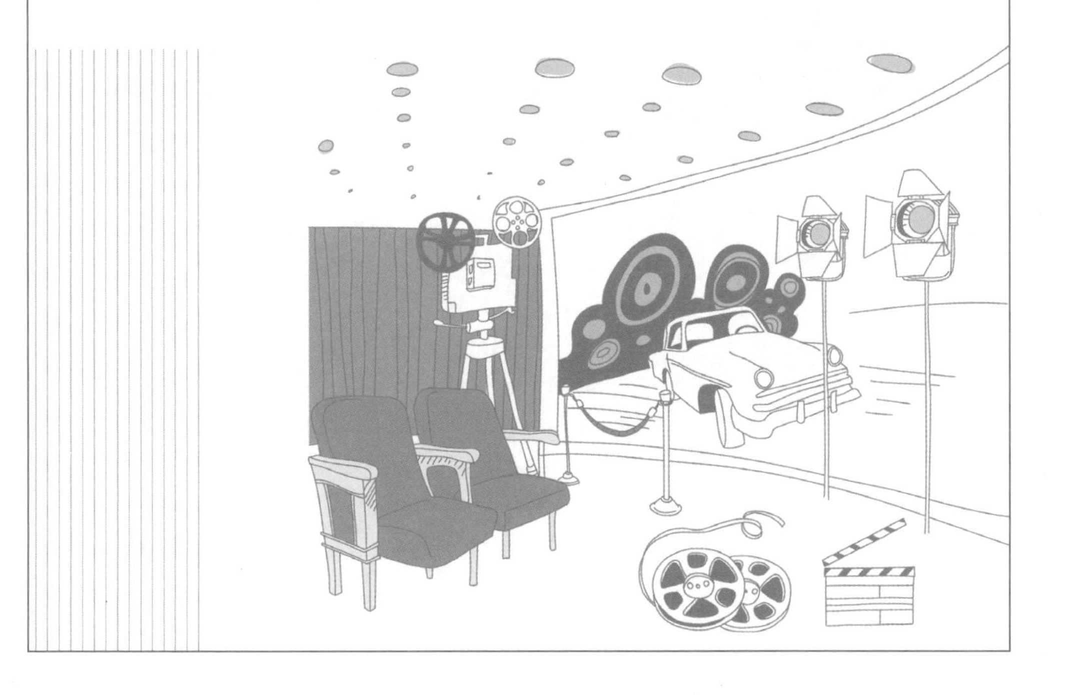

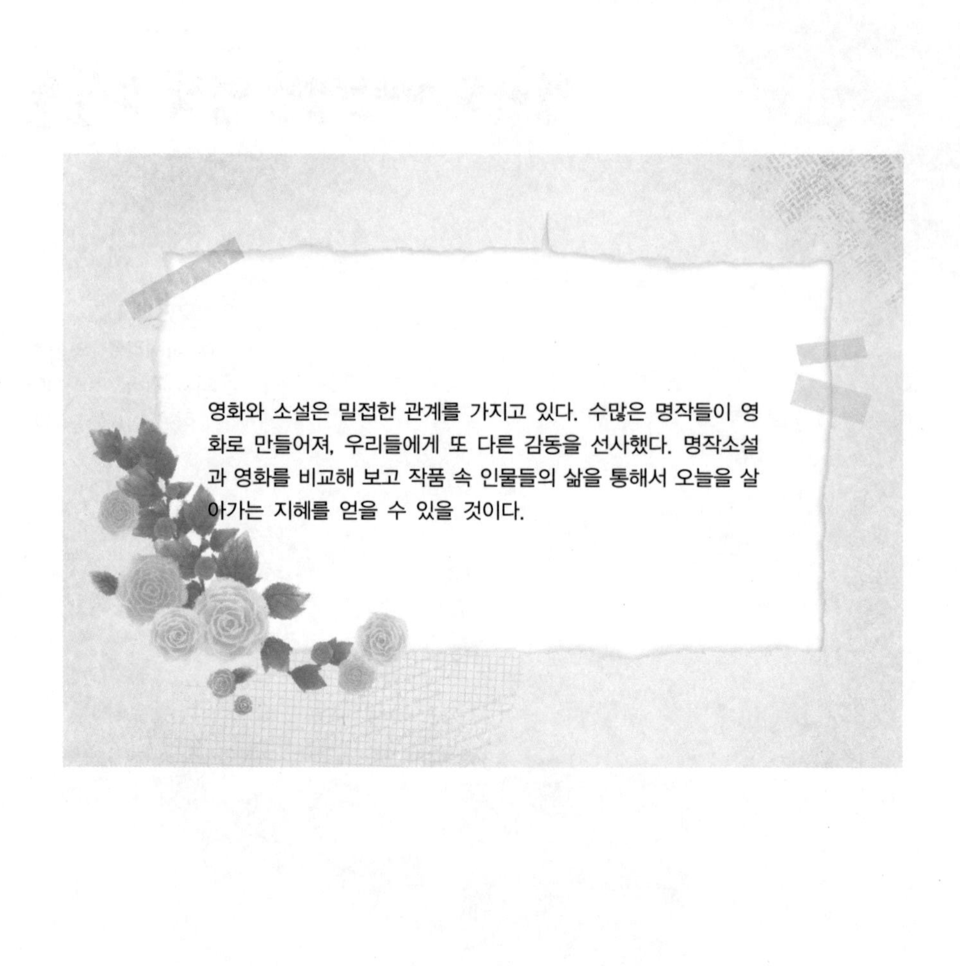

영화와 소설은 밀접한 관계를 가지고 있다. 수많은 명작들이 영화로 만들어져, 우리들에게 또 다른 감동을 선사했다. 명작소설과 영화를 비교해 보고 작품 속 인물들의 삶을 통해서 오늘을 살아가는 지혜를 얻을 수 있을 것이다.

오만과 편견 Pride and Prejudice

영국, 2005년 작품

감독 _ 조우 라이트(Joe Wright)
주연 _ 키이라 라이틀리(Keira Knightley)
원작 _ 제인 오스틴(Jane Austen)

책읽기를 즐기는 엘리자베스는 아름답고 현명한 여인이다. 베넷 부부의 다섯 명의 딸들 중에서 가장 지적이고 자신의 주장을 분명하게 표현한다.

19세기의 영국에서는 무도회를 통해서 유일하게 젊은 남녀가 만날 수 있는 기회였다. 네더필드의 빙리의 집에서 있었던 무도회에서 춤을 추면서 다아시와 엘리자베스는 많은 대화를 나눈다.

다아시는 네더필드에 있는 빙리의 집을 방문한 베넷 부인과 세 명의 딸들에게서 교양이 없고 경박한 인상을 받았다. 이런 이유 때문에 다아시는 빙리와 제인의 결혼을 반대한다.

〈오만과 편견〉은 영국의 대표적인 여류소설가인 제인 오스틴(Jane Austen : 1775~1817)이 20세 때 쓴 소설로 1813년에 출판되었다. 이 소설의 주제는 19세기 영국사회에서의 도덕성, 교육, 가정교육, 결혼 등이라고 할 수 있다. 제인 오스틴은 여성 작가로서 섬세하게 여성의 심리를 묘사하고 있다. 그녀는 평생을 독신으로 살았으며, 〈감성과 이성〉(Sense and Sensibility), 〈엠마〉(Emma) 등의 소설을 썼다.

19세기 당시 영국사회에서는 결혼하지 않은 미혼여성의 최대 목표는 모든 것을 갖춘 완벽한 남자를 만나서 결혼하는 것이었다. 그렇기 때문에 딸을 가진 부모는 딸들의 신랑감을 찾아주는 것이 가장 큰 의무라고 할 수 있다. 〈오만과 편견〉에서는 다섯 명의 딸을 가지고 있는 베넷부부가 그들의 신랑감을 찾기 위해 모든 노력을 기울이는 것을 볼 수 있다.

제인 오스틴은 직업을 선택하거나 재산을 상속 받을 수 없는 여성들이 자신을 부양할 남편을 만나는 것을 지상과제로 삼아야 했던 동시대를 유머러스하고 신랄한 문체로 표현하고 있다. 이 영화를 통해서 아늑하면서도 때로는 광활하게 다가오는 영국 시골의 풍경을 감상할 수 있다. 이러한 자연의 풍경은 인물의 내면을 설명해 주는 훌륭한 배경이 되고 있다.

줄거리

베넷 가족이 살고 있는 이웃인 네더필드에 돈 많고 결혼하지 않은 빙리가 이사 온다. 빙리는 친절해서 호감이 가는 사람이었고, 그의 친구인 다아시는 친절해 보이지 않고 오만한 인상을 주는 인물이었다. 빙리는 엘리자베스의 언니인 제인에게 호감을 갖게 되고, 제인을 그가 살고 있는 집에 초대를 하게 된다. 제인은 빙리의 집을 방문할 때 폭우를 맞아서 감기에 걸려 네더필드에 있는 빙리의 집에서 며칠을 묵을 수밖에 없었다. 엘리자베스는 제인을 간호하기 위해 빙리의 집에 방문하고, 그곳에서 다아시를 다시 만나게 되면서 다아시는 엘리자베스에게 호감을 갖기 시작한다.

베넷 부부는 아들이 없기 때문에 재산을 먼 친척인 콜린스에게 넘겨주기로 되어 있었다. 콜린스는 목사로서, 베넷 부부의 딸 중에서 결혼한 상대를 찾고자 베넷 부부의 집을 방문한다. 그는 엘리자베스에게 청혼하나 엘리자베스는 콜린스에게 어떠한 매력도 느끼지 못한다. 엘리자베스는 이즈음 군인 장교인 위컴을 만나게 되고, 위컴에게서 다아시와의 관계에 대해 듣게 된다. 어린 시절 다아시와 함께 자란 위컴은, 다아시의 아버지가 죽은 후에 자신에게 잘 대해주지 못했다고 이야기한다. 엘리자베스는 다아시에 대해 더욱 안 좋은 편견을 갖게 된다. 하지만 위컴이 엘리자베스에게 한 이야기들은 사실이 아니었다.

네더필드에 있는 빙리의 집에서 무도회가 열렸을 때, 다아시는 빙리가 제인과 결혼할 것이라는 것을 알게 된다. 하지만 제인과 엘리자베스를 제외하고는 베넷 부인과 여자동생들의 경박한 태도에 실망하고 제인과의 결혼을 반대한다. 이후 빙리와 그의 여동생 캐롤린 그리고 다아시는 서둘러 네더필드를 떠나 런던으로 돌아가고, 콜린스는 엘리자베스의 친구인 샬롯과 결혼하게 된다.

다음 해 봄, 엘리자베스는 친구인 샬롯의 집을 방문한다. 그곳에서 목사인 콜린스를 후원하고 있는 레이디 캐더린의 집에 초대를 받는다. 레이디 캐더린은 다아시의 고모였는데, 그곳에서 다시 다아시를 만난다. 다아시는 여전히 엘리자베스에게 호감을 갖고 충동적으로 청혼을 한다. 하지만 엘리자베스는 다아시가 제인의 결혼을 반대했고, 위컴에게 모욕감을 안겨 주었다는 이유로 다아시에게 반박한다. 다아시는 위컴이 자신에게 물려받은 재산을 노름으로 탕진하고, 또 다아시 여동생의 재산을 갖기 위해서 그녀와 몰래 도망하려 했다는 사실을 이야기해준다. 위컴은 진실되지 못한 사람이었다.

몇 달 후에 엘리자베스는 외삼촌 부부와 함께 팸벌리에 있는 다아시의 저택을 방문하게 된다. 그곳에서 뜻하지 않게 다아시를 만나게 되고, 세삼 다아시의 친절한 태도에 호감을 갖기 시작한다. 갑자기 위컴과 막내 여동생인 리디아가 도망갔다는 소식에 엘리자베스는 슬픔에 잠기게 되고, 후에 이 모든 것을 다아시가 해결해 주었다는 것을 알게 된다. 모든 오해를 풀게 된 엘리자베스는 마침내 다아시와 결혼하게 된다. 엘리자베스가 처음 다아시를 만났을 때는 오만하다는 첫인상을 갖게 되었고, 그렇지만 시간이 흐름에 따라 엘리자베스의 편견은 바뀌었고, 둘은 사랑의 결실을 맺게 된다.

영화를 감상한 후 다음 질문에 답하시오.

1. 이 영화는 제인 오스틴의 소설을 바탕으로 만들어졌는데, 그녀의 작품세계와 전기적인 배경에 대해서 쓰시오.

2. 이 영화의 주제는 무엇인가?

3. 이 영화에 등장하는 각각 4종류의 커플이 있는데, 이들의 사랑과 결혼에 관한 관점을 쓰시오.

- 빙리와 제인 :

- 엘리자베스와 다아시 :

- 샬롯과 콜린스 :

- 리다아와 위컴 :

4. 인간이 가지고 있는 오만과 편견에 대해서 자신의 의견을 써 보세요.

5. 19세기 영국의 시대적 배경과 남녀의 결혼관에 대해서 쓰시오. 현재의 결혼관과 같은 점과 다른 점은 무엇이라고 생각하는가?

6. 이 영화에 등장하는 인물 중에서 베넷부부에 대해서 어떻게 생각하는가?

7. 이 영화에 나타난 사회적 계급에 대해서 논하고, 이것이 다아시와 엘리자베스의 관계에 끼치는 영향에 대해서 논해 보세요.

8. 〈오만과 편견〉은 등장인물 중에서 각각 누구를 상징하고 있는 것인가?

9. 이 영화를 보고 느낀 점을 써 보시오.

10. 자신이 생각하는 이상적인 결혼관에 대해서 쓰시오.

레 미제라블 Les Miserables

프랑스, 1998년 작품

감독 _ 빌리 어커스트(Bille August)
주연 _ 리암 리슨(Liam Neeson), 제프리 러쉬Jeoffrey Rush)
원작 _ 빅트로 위고(Victor Hugo)

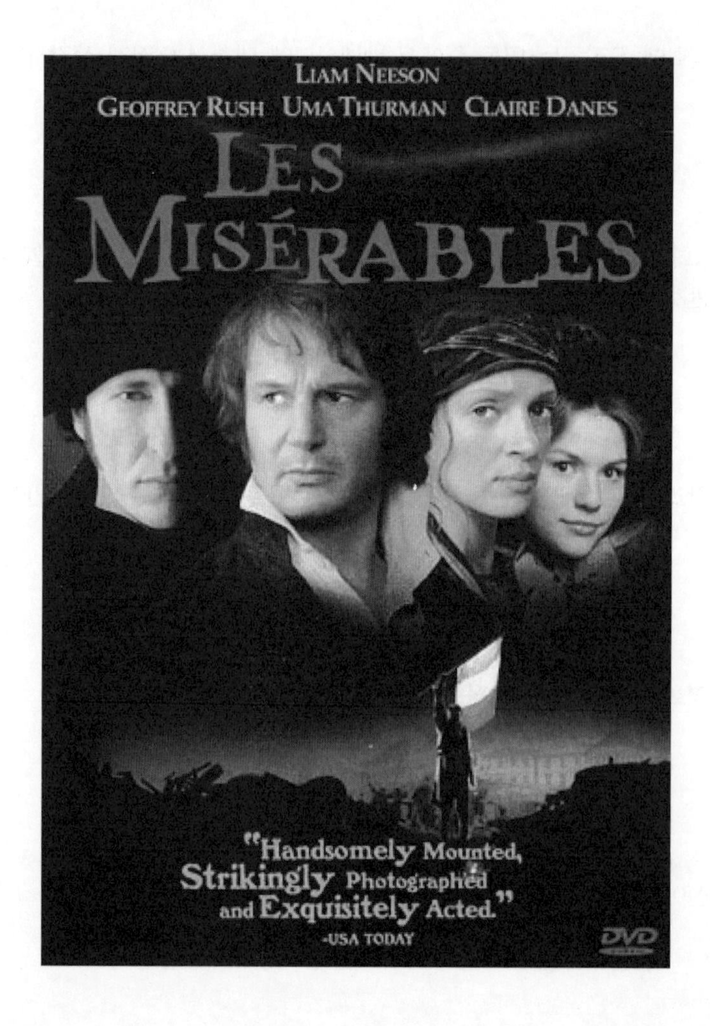

빵을 훔친 죄로 19년 동안 감옥에서 지내게 된 장 발쟌

사회의 정의를 실현하기 위해 끝까지 장 발쟌을 쫓는 자베르. 그가 추구하는 사회의 정의란 과연 무엇일까?

장 발쟌에게 있어서 감옥에서의 삶이란 비참함 그 자체였다.

빅토르 위고(Victor Hugo : 1802~1885)는 프랑스의 대표적인 낭만파의 작가이며 프랑스 혁명을 배경으로 장 발잔의 일생을 감동 있게 묘사했다. 사랑의 힘으로 다른 사람을 변화시킬 수 있다고 생각한 빅토르 위고는 프랑스의 가장 위대한 작가 중 한 명이라고 할 수 있다.

빅토르 위고의 또 하나의 유명한 작품은 〈파리의 노트르담〉이다. 이 작품은 뮤지컬 〈노트르담 드 파리〉으로 새롭게 탄생했다. 프랑스 사람들이 가장 사랑하는 뮤지컬이라고 한다. 〈노트르담 드 파리〉는 아름다운 집시 여인 에스메랄다를 사랑해서는 안 될 세 명의 남자에 관한 이야기라고 할 수 있다. 첫 번째 남자 프롤로는 노트르담 성당의 주교로서 에스메랄다를 보고 한눈에 반하게 된다. 그는 자신의 욕망을 억누를 수 없게 되었다. 또한 잘생긴 장교 페뷔스도 에스메랄다를 사랑하게 된다. 하지만 이미 약혼녀가 있고 또한 야망이 있는 페뷔스는 갈등하게 된다. 에스메랄다는 페뷔스를 사랑하게 되고, 이를 알게 된 프롤로는 에스메랄다와 함께 있는 페뷔스를 살해하게 된다. 에스메랄다는 페뷔스를 죽였다는 누명을 쓰고 사형에 처하게 된다. 노트르담 성당의 종치기 콰지모도는 에스메랄다의 아름다움에 반하고, 그녀를 구해서 성당의 꼭대기로 데려가게 된다.

이렇게 사랑해서는 안 될 여자를 사랑하게 된 세 명의 남자에 관한 이야기를 음악으로 묘사했으며, 특히 아름다운 언어인 불어로 뮤지컬을 제작하게 되어 많은 사람들에게 감동을 선사하고 있다. 몇 해 전 세종문화회관에서 캐나다의 퀘백 출신들을 중심으로 제작된 〈노트르담의 드 파리〉를 감상했는데, 지금도 그 감흥을 잊을 수 없다. "벨"(Belle), "대성당의 역사" 등의 아름다운 노래들이 있다.

줄거리

영화제목인 〈레 미제라블〉은 '불쌍한 사람'이라는 뜻으로 프랑스의 사회적 격변기를 온몸으로 겪은 불쌍한 사람들의 이야기이다. 굶주린 조카들을 위해 빵 한 조각을 훔치려다 19년간을 감옥에서 보낸 장 발잔, 어린 딸을 위해 몸을 팔다 죽어간 미혼모였던 휀틴, 사악한 사기꾼 테나르디에 부부 밑에서 학대받는 어린 코제트, 그리고 장 발잔을 쫓는 냉혹한 자베르, 이들은 모두 '불쌍한 사람들'이다. 하지만 이런 불쌍한 인물들에게 살아갈 용기를 주는 것은 바로 사랑과 희망, 그리고 연민이라고 할 수 있다. 장 발잔은 미리엘 주교의 사랑을 통해서 새사람이 되고, 불쌍한 여인 휀틴의 딸인 코제트는 장 발잔의 헌신적인 사랑으로 새로운 삶을 찾는다. 자베르는 결국 장 발잔의 인간애에 감동을 받고 자살을 하게 된다.

배가 고파서 빵을 훔친 장 발잔의 인생에서 가장 중요한 건 바로 생존이었다. 자신에게 사랑을 베풀어준 주교를 폭행하고 은그릇과 은수저를 훔쳐 달아난다. 그러나 장 발잔은 주교의 따뜻한 사랑에 감동을 받아 새사람이 되어 완전히 다른 삶을 살게 된다. 주교는 경찰에 잡혀온 장 발잔에게 은촛대까지 챙겨주면서, "나는 이것으로 당신의 영혼을 샀습니다. 다시는 죄를 짓지 말고 새사람이 되시오"라고 말한다. 이런 일이 있은 후에, 장 발잔의 인생은 성실과 겸손, 사랑과 자비를 실천하는 삶으로 변한다. 장 발잔은 비구시의 시장이 되어 많은 사람들의 존경과 사랑을 받는다. 장 발잔은 가난하고 불쌍한 창녀인 휀틴과 그녀의 딸인 코제트를 위해 마지막까지 헌신한다. 게다가 자신을 다시 감옥으로 보내기 위해 평생을 따라다니는 자베르에게 복수할 기회가 주어졌지만, 그는 복수하지 않고 그를 풀어준다. 미리엘 주교가 그에게 보여준 사랑과 온정을 자베르에게 베푼 것이다.

자베르는 법과 원칙을 철저하게 지키는 사람이다. 그는 절대 법에 어긋난 행동을 하지 않으며, 평생 법을 어긴 많은 불쌍한 사람들을 추적한다. 창녀였던 어머니와 도둑이었던 아버지에 대한 원망 때문에 자베르는 더욱더 무자비한 냉혈한이 된다. 자베르는 법과 도덕을 철저하게 지키며 범죄를 저지를 수밖에 없는 불쌍한 사람들을 경멸한다. 그리고 평생 사랑의 감정을 느껴보지 못하고 비정한 삶을 살아간다.

〈레 미제라블〉은 뮤지컬로 더욱 유명하다고 할 수 있다. 뮤지컬에 나오는 아름다운 노래 중의 하나는 창녀인 퀀틴이 부른 순수했던 어린 시절의 꿈에 대한 “I dreamed a dream”이다. 이 노래는 특히 몇 년 전 “British got talent”라는 프로그램에서 영국의 시골 여인 수잔 보일(Susan Boyle)이 너무나 아름답게 불러서 모든 사람들을 놀라게 했던 적이 있었다. 세련되지 못한 외모와 전혀 어울리지 않는 아름다운 목소리의 주인공이 된 수잔 보일은 어릴 때의 꿈을 성취한 여인이 되었다.

영화 감상 후 다음 질문에 답하시오.

1. 레 미제라블의 의미는 무엇인가?

2. 시대적인 배경은 언제이며, 이 당시에 프랑스 사회에서 말하는 정의란 무엇인가?

3. 장 발쟌의 운명에 대해서 어떻게 생각하는가?

4. 빅토르 위고의 작품에 대해서 아는 바를 적어 보시오.

5. 프랑스의 문화와 역사에 대해서 조사해 보시오.

6. 이 영화의 무대는 어느 나라이며, 대략 몇 년 경의 시대를 배경으로 하고 있는가?

7. 장 발쟌이 감옥에 가게 된 이유는 무엇이며, 새로운 사람으로 변하게 된 계기는 무엇인가?

8. 미혼모였던 훤틴이 창녀가 될 수밖에 없었던 이유는 무엇이며, 장 발쟌과 훤틴의 관계는 무엇인가?

9. 이 영화에 등장하는 주인공들의 이름을 적어보고, 그들의 특징에 대해서 적어보세요.

- 장 발쟌

- 자베르

- 미리엘 신부

• 코제트

• 마리우스

• 훤틴

10. 이 영화를 통해서 자신이 느낀 바를 적어 보세요.

의사 지바고 Dr. Zhivago

러시아, 1965년 작품

감독 _ 데이비드 린(David Lean)
주연 _ 오마 샤리프(Omar Shariff), 쥴리 크리스티(Julie Christie), 재랄딘 채플린 (Geraldine Chaplin)
원작 _ 보리스 파스퇴르나크(Boris Pasternak)

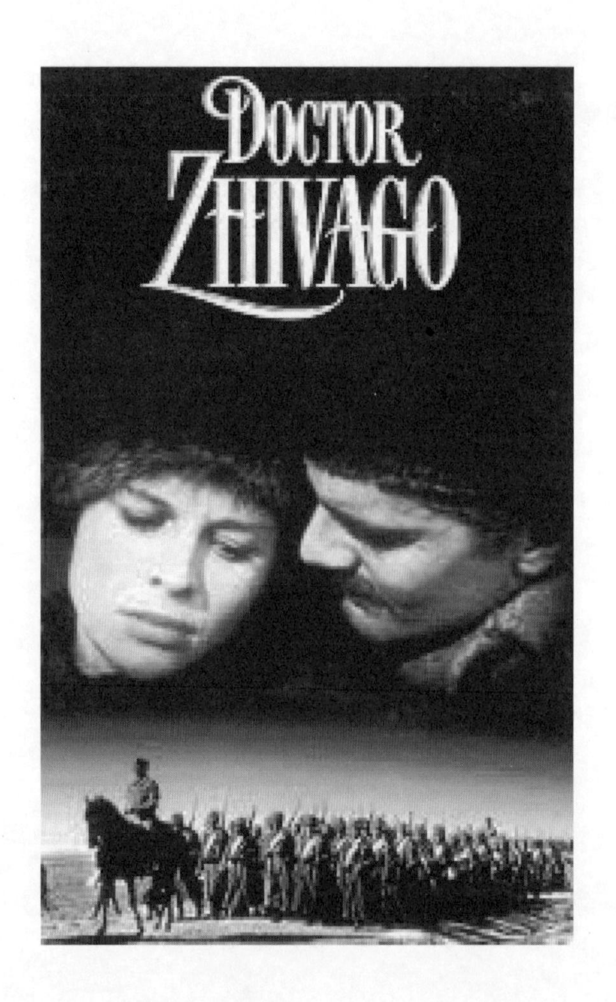

시를 사랑하는 순수한 영혼을 가진 의사 지바고, 두 명의 여인을 사랑한 비운의 주인공이라 고 할 수 있다.

세 명의 남자에게 사랑을 받게 되는 여인 라라

꿈이 많았고 순수했던 라라의 운명을 바꾸어 놓은 코마로브스키는 부패한 변호사였고 유리 지바고 아버지의 사업 파트너였다. 그는 라라 엄마의 정부로서, 라라와는 끝까지 애증의 관계에 있는 인물이다.

1917년 러시아에서 일어난 볼셰비키 혁명을 배경으로 한 영화이다. 볼셰비키 혁명은 재정러시아가 귀족 위주의 사회인 것에 반대하여, 혁명주의자 레닌이 농민과 노동자들을 위한 사회를 만들자고 주장한 혁명이다. 러시아의 대표적인 작가 파스퇴르나크(Boris Psterinak : 1890~1960)의 소설을 영화로 만든 것이다.

이 소설은 당시 소련에서 출판이 거절되었고, 1958년 이탈리아의 한 출판사를 통해서 세상에 알려지게 되면서 베스트셀러가 되었다. 그 후 파스퇴르나크는 1958년에 노벨문학상 수상자로 내정되었지만, 러시아 정부에서 노벨상을 수상하러 핀란드의 오슬로에 갈 경우, 러시아에 다시 돌아올 수 없을 것이라는 말을 듣게 된다. 이에 대해서 파스퇴르나크는 고국인 러시아를 사랑하기 때문에 기꺼이 노벨문학상을 거절하게 된다. 그 당시 명예로운 노벨문학상을 거절했다는 것은 큰 이슈거리가 되었다.

줄거리

어린 시절 유리 지바고는 가족을 버린 아버지를 잃고, 어머니마저 잃게 되자 어머니의 절친한 친구인 그레미코 부부에게 입양된다. 의과대학의 교수였던 또냐의 아버지인 그레미코는 유리가 의과대학에 갈 수 있도록 도와준다. 유리는 의과대학에 다니면서 자신이 좋아하는 시를 계속 쓴다. 하지만 그는 시인으로서는 가족을 부양할 수 없다는 것을 깨닫고 의사의 길을 갈 것을 결심한다. 한편 라라는 의상실을 경영하는 엄마와 살면서, 이상적인 사회 민주당원인 파샤와 약혼한 사이였다. 파샤는 재정 러시아에 반대하여 평화적 시위를 하면서 부상을 당하게 된다. 이날 밤 엄마 대신 상류층이 가는 식당에 가게 된 라라는 코마로브스키의 유혹에 넘어가고, 이 사실을 알게 된 라라의 엄마는 약을 먹고 자살을 시도하게 된다. 코마로브스키는 친구인 의사를 부르고, 조수로 따라 오게 된 유리 지바고를 처음으로 만나게 된다. 이곳에서 유리는 라라와 코마로브스키와의 관계를 알아차리게 된다.

볼셰비키가 된 파샤는 코마로브스키에게 라라와 결혼하겠다는 의사를 밝히게 되고, 코마로브스키는 파샤와의 결혼을 반대하며 라라를 강간하게 된다. 이에 라라는 코마로브스키를 죽이려고 크리스마스 파티가 열리고 있는 곳을 방문하여 총을 겨루게 되고, 이때 나타난 파샤는 라라를 데리고 간다. 파샤는 라라의 부정을 인정하지만 그녀와 결혼한다. 하지만 다시 전쟁터로 나가게 되고, 제 1차 세계대전이 일어나자 유리 지바고는 군의관으로 참전하고, 남편을 찾아 종군 간호사로 지원한 라라와 운명적인 재회를 하게 된다. 다시 만난 지바고와 라라는 서로에게 사랑을 느끼게 되지만, 전쟁이 막바지에 이르러 다시 각자의 집으로 돌아가 이별을 고하게 된다.

혁명 정부가 수립되고 지바고는 숙청의 대상이 된다. 공산당 간부로 있었던 이복형의 도움을 받아 바리키노로 가서 호젓하고 조용한 시골 생활을 하게 된다. 하지만 이러한 시골 생활에 적응하지 못하는 지바고를 본 또냐는 가까운 유리아틴에 도서관이 있는 것을 알려주고, 이곳에서 또다시 라라와 만나게 된다. 정숙한 아내와 다시 사랑하게 된 라라 사이에 갈등하는 지바고는 마침내 라라에게 이별을 고하게 된다. 하지만 돌아오는 길에 빨치산에게 잡혀 다시 군의관으로 가게 된다. 가족에게 작별을 고하지 못하고 헤어진 지바고는 좌절하지만, 겨우 탈출하여 라라와 다시 재회하게 된다. 이들은 짧지만 행복한 시간들을 보낸다. 지바고는 라라에게 바치는 시를 쓰게 되고, 언제 닥칠지 모르는 이별에 불안해한다.

영화를 감상한 후 다음 질문에 답하시오.

1. 소설 〈의사 지바고〉의 작가는 누구인가?

2. 이 소설의 배경은 어디인가?

3. 이 소설은 언제 노벨문학상을 수상하게 되었으며, 이 소설의 작가가 노벨문학상의 수상을 거절한 이유는 무엇인가? 이 작가의 결정에 대해서 어떻게 생각하는가? 냉전시대에 공산주의 국가와 민주주의 국가의 관계는 어떠했는가?

4. 재정러시아와 볼셰비키 혁명에 대해서 조사해 보시오.

5. 이 영화의 주제는 무엇인가?

6. 한 순수한 시인의 눈을 통해서 본 전쟁과 사랑의 의미는 무엇인가?

7. 이 영화의 주인공들에 대해서 조사해 보고 이들의 엇갈린 운명에 대해 생각해 보시오.

- 의사 지바고
- 라라
- 토냐
- 카마로브스키
- 파샤

8. 러시아의 유명한 작가들은 누구인가?

9. 고독한 지식인 지바고가 볼셰비키 혁명에 적응할 수 없는 이유는 무엇인가? 사유재산을 인정하지 않은 공산주의 사상에 대해서 자신의 의견을 적어 보시오.

10. 이 영화를 보고 가장 인상 깊었던 점은 무엇인가?

작은 아씨들 Little Women

미국, 1994년 작품

감독 _ 질리안 암스트롱(Gillian Amstrong)
주연 _ 위노나 라이더(Winona Ryder), 수잔 서랜던(Susan Sarandon)
원작 _ 루이자 알코트(Louisa Alcott)

어려운 이웃을 돌보기를 좋아하는 셋째 딸 베스

〈작은 아씨들〉은 미국의 여류 소설가 루이자 알코트(Louisa Alcott : 1832~1888)가 1868년과 1869년에 발표한 두 권으로 된 소설이다.

목사인 남편을 내조하면서 네 명의 딸들을 키우는 현명한 어머니의 모습과 따뜻한 가족관계를 엿볼 수 있는 작품이다. 영화에서는 둘째 딸 역을 맡은 요정같이 귀여운 위노나 라이더와 어머니역의 연기파 배우 스잔 서랜던의 연기를 감상할 수 있다.

줄거리

미국의 남북전쟁 당시 매사추세츠의 콘코드에 살고 있는 네 자매의 (Margret, Josephine, Elizabeth, Amy) 성장 과정과 그들이 택한 인생을 걸어가는 과정을 그린 이야기이다. 1861년 크리스마스, 미국의 동부 매사추세츠에서 군대목사인 아버지가 전쟁에 나가 있는 동안, 현모양처인 어머니와 한 가정의 딸들을 중심으로 된 〈작은 아씨들〉은 동화로 잘 알려진 작품으로 많은 사랑을 받아오고 있다. 큰 딸인 메그(Margret)는 아름답고 책임감이 많으며, 엄마가 집에 계시지 않을 경우 동생들을 잘 돌보았고, 부잣집 가정교사로 일하고 있다. 둘째 딸인 조(Josephine)는 성격이 급하지만 작가의 꿈을 꾸고 있고, 작가의 길을 선택하는 용감한 인물이다. 어려운 환경에 있는 사람들을 도와주기를 좋아하는 셋째 딸 베스는 내성적이며 피아노를 잘 친다. 막내딸 에이미는 사랑스럽고 나중에 유럽으로 가서 미술가로의 꿈을 이룬다. 어릴 때 이웃이었던 부잣집 도련님 로리와 사랑의 결실을 맺게 된다. 이들은 어렵고 힘든 시기를 조(Jo)가 쓴 연극을 다락방에서 같이 연습하면서 즐거운 시간을 보낸다.

아버지가 부상당했다는 소식을 듣고 어머니는 떠나가 되고, 셋째 딸인 베스는 이웃에 있는 아픈 아이를 방문한 후 성홍열에 걸리게 된다. 엄마가 돌아오기를 기다리는 동안 메그와 조는 막내 동생인 에이미를 고모네 집에 보낸다. 베스가 아프기 전에는 조가 고모의 집을 방문하여 책을 읽어 주곤 했다. 조는 고모가 언젠가는 자신을 유럽에 데려갈 거라고 믿고 있었지만, 에이미가 고모의 곁에 있게 된다. 크리스마스 전날 아버지가 돌아오고, 4년 후 큰 딸인 메그는 부잣집 도련님인 로리의 가정교사였던 존과 결혼하여 행복한 가정을 이룬다.

대학을 졸업한 로리는 조에게 청혼을 하면서 런던에 같이 가자고 한다. 하지만 조는 로리는 단순히 오빠와 같은 존재일 뿐 낭만적인 감정은 아니라고 거절한다. 고모와 함께 유럽에 가고 싶었던 조는 뜻하지 않게 막내 동생 에이미가 고모를 동행한다는 사실에 크게 실망한다. 조는 작가로서의 꿈을 이루기 위해 뉴욕으로 가서 여러 가지의 경험을 한다.

뉴욕에서 독일인 교수를 만나 작가로서의 새로운 도전을 하게 된다. 베스가 위독하다는 소식을 듣고 다시 콘코드로 돌아와 베스의 죽음을 지켜보게 된다. 각자의 길을 선택했던 네 자매의 이야기는 많은 사람들에게 감동을 안겨 주었다.

영화를 감상한 후 다음의 질문에 답하시오.

1. 이 영화는 누구의 소설을 바탕으로 만들어졌는가?

2. 이 영화의 배경은 어디인가?

3. 이 영화에 등장하는 어머니의 역할에 대해 어떻게 생각하는가?

4. 이 영화에 등장하는 중요한 인물들의 이름과 특징에 대해서 묘사해 보시오.

5. 소설가가 되기를 원하는 딸의 이름은 누구인가? 그녀가 택한 인생에 대해서 어떻게 생각하는가?

6. 가족의 중요성에 대해서 어떻게 생각하는가?

7. 이 영화를 통해서 어떠한 여성상을 엿볼 수 있는가?

8. 여성으로서 진정한 행복을 어디에서 찾을 수 있다고 생각하는가? 자신의 꿈을 이루기 위해 어떤 과정을 거쳐야 한다고 생각하는가?

9. 이 영화의 주제는 무엇이라고 생각하는가?

10. 네 명의 딸들 중에서 가장 마음에 드는 인물은 누구인가?

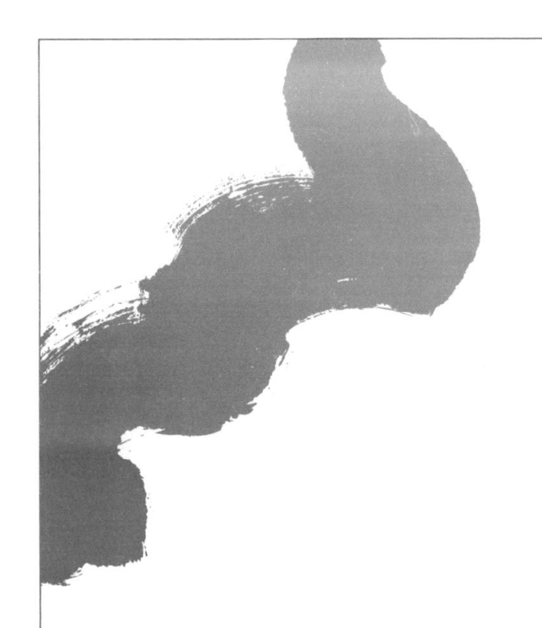

뮤지컬 영화

마이 페어 레이디 _ 영국
오페라의 유령 _ 프랑스
어둠속의 댄서 _ 덴마크
에비타 _ 아르헨티나
맘마 미아! _ 그리스

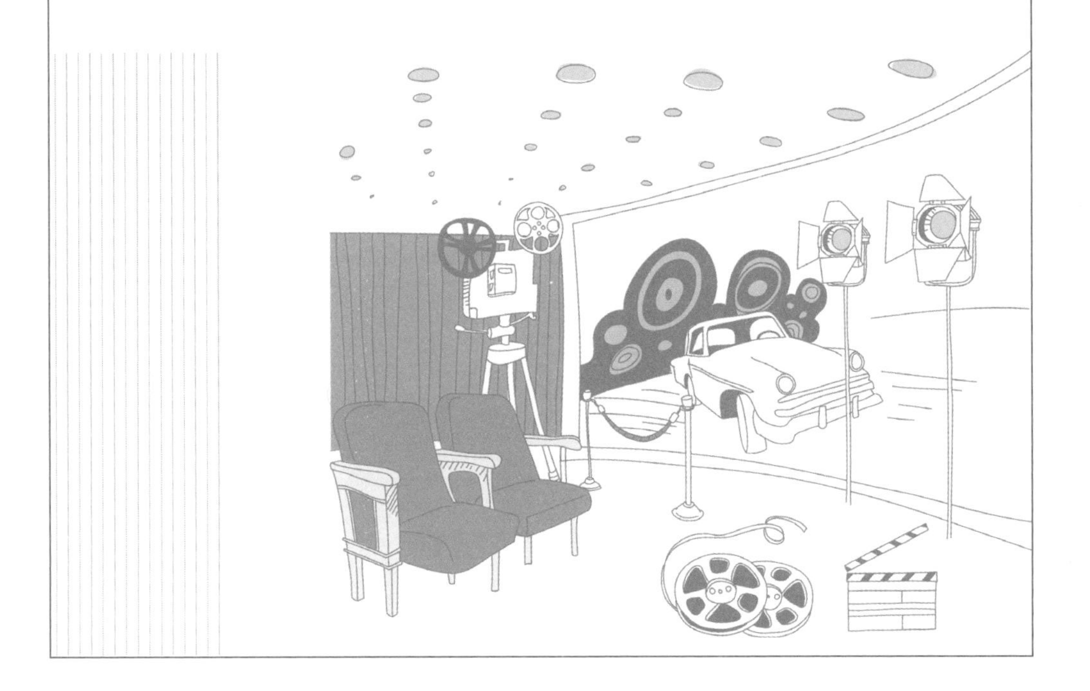

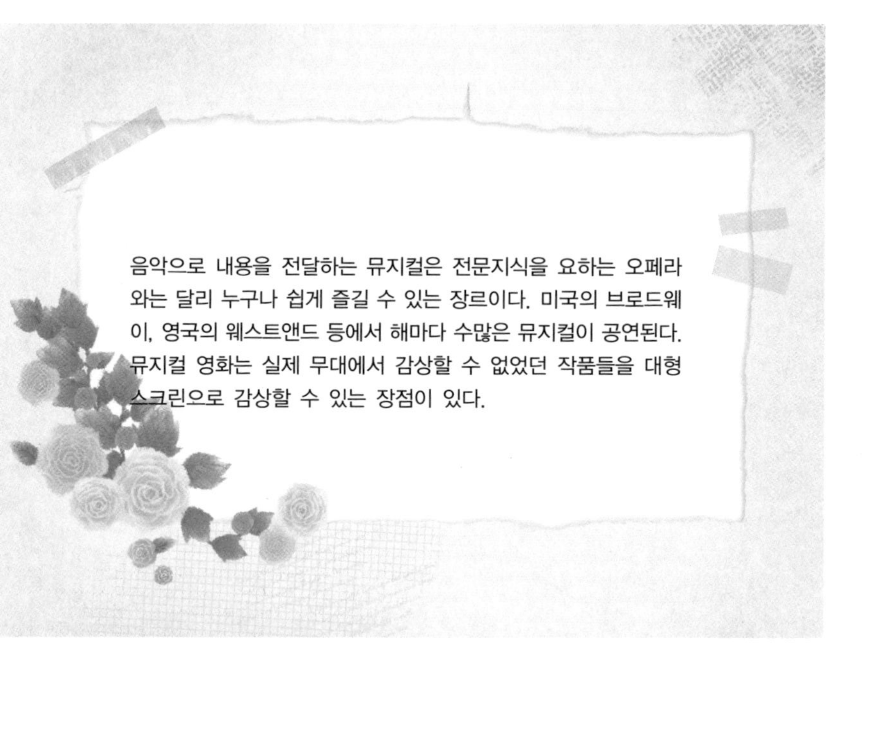

음악으로 내용을 전달하는 뮤지컬은 전문지식을 요하는 오페라와는 달리 누구나 쉽게 즐길 수 있는 장르이다. 미국의 브로드웨이, 영국의 웨스트앤드 등에서 해마다 수많은 뮤지컬이 공연된다. 뮤지컬 영화는 실제 무대에서 감상할 수 없었던 작품들을 대형 스크린으로 감상할 수 있는 장점이 있다.

마이 페어 레이디 My Fair Lady

영국, 1964년 작품

감독 _ George Cukor
주연 _ 오드리 헵번(Audrey Hephurn), 렉스 헤리슨(Rex Harrison)
원작 _ 버나드 쇼(George Bernard Shaw)

런던의 거리에서 꽃을 팔던 하층민인 일라이자. 그녀의 말투와 행동은 품위와 교양과는 거리가 먼 고단한 삶을 그대로 투영하고 있었다.

언어학자인 히긴스 교수의 철저한 스파르타식 교육에 의해서 교양 있는 아름다운 숙녀로 변신한 일라이자. 인간은 교육에 의해서 얼마든지 변할 수 있고 자존감을 가질 수 있다.

줄거리

〈마이 페어 레이디〉는 아일랜드의 극작가 버나드 쇼(George Bernard Shaw : 1856~1950)의 희곡인 〈피그멜리온〉(Pygmalion)을 바탕으로 만들어진 영화이다. 로마신화에서 피그멜리온은 자신이 조각한 아름다운 여인상에 생명이 깃들기를 기원했고 사랑에 빠지게 된다. 버나드 쇼는 로마신화의 피그멜리온 이야기를 바탕으로 히긴스 교수와 일라이자의 이야기를 만들어 냈다. 히긴스 교수의 조각상은 바로 일라이자라는 하층민 여성이었다. 피그멜리온이 끌과 망치로 아름다운 여인상을 조각했듯이, 히긴스 교수는 자신의 전문지식과 훈련을 통해 일라이자를 아름다운 숙녀로 변화시킨다. 마침내 히긴스의 이상형으로 다시 태어난 일라이자에게 히긴스 교수는 연민을 느끼게 된다. 영화는 빈부의 사회적 모순을 바닥에 깔고 학습과 훈련을 통한 한 여성의 극단적 변신이라는 흥미로운 주제를 밀도 있게 파고든다.

런던의 거리에서 꽃을 파는 아가씨 일라이자의 품행과 말씨는 하층민의 고단한 삶이 그대로 투영된 듯 품위나 교양과는 거리가 멀다. 우연히 일라이자를 만난 독신자이자 언어학자인 헨리 히긴스 교수는 그녀에게 흥미를 느낀다. 히긴스 교수는 사람의 목소리와 말투가 그 사람의 인격과 교양을 결정한다고 믿고 있었다. 6개월 내에 일라이자를 품위 있는 사교계의 여왕으로 만들어보겠다는 계획을 가지고 언어에 관심이 많은 피커링 대령과 내기를 한다. 히긴스 교수는 자신의 집에서 매일 스파르타식으로 일라이자에게 특별교육을 실시한다. 일라이자는 녹음기를 들으면서 같은 말을 반복해야 했고, 입에 사탕을 물고 발음연습을 하는 등 피나는 노력을 해야 했다. 시간이 흐르면서 일라이자는 서서히 숙녀로 변해가면서 높은 자존감을 갖게 된다. 무뚝뚝하고 냉정한 히긴스 교수 역시 교양 있고 매혹적인 여자로 새롭게 태어나는 일라이자를 지켜보며 아련한 연정을 느낀다.

이 영화에서는 오드리 헵번만이 소화할 수 있는 아름다운 의상들을 감상할 수 있고, 영국의 귀족사회의 모습을 발견할 수 있다. 이 영화에서는 다음과 같은 노래를 감상할 수 있다.

"Wouldn't it be lovely?"
"The rain in Spain"
"I could have danced all night."
"I have grown accustomed to her face."

영화를 감상한 후 다음의 질문에 답하시오.

1. 이 영화는 누구의 작품을 영화로 만든 것인가? 이 작가는 어느 나라 사람인가?

2. 로마신화인 피그멜리온의 내용은 무엇인가?

3. 교육학에서 말하는 피그멜리온의 효과는 무엇이며, 이러한 효과를 자신의 발전을 위해서 어떻게 적용할 수 있는가?

4. 인간은 교육에 의해서 어떻게 변화될 수 있다고 생각하는가?

5. 히긴스 교수의 언어 교육방법에 관해서 어떻게 생각하는가? 스파르타식 교육방법의 장점과 단점에 대해서 쓰시오.

6. 독신자였던 히긴스 교수와 일라이자는 사랑에 빠지게 되는데, 이처럼 히긴스 교수가 변한 이유는 무엇인가? 일라이자가 히긴스 교수에게 사랑을 느끼는 이유는 무엇인가?

7. 앞에 있는 일라이자의 두 장의 사진을 보고 느낀 점을 쓰시오.

오페라의 유령 The Phantom of the Opera

프랑스, 2004년 작품

감독_ Joe Scumache
프로듀서_ 앤드류 로이드 웨버(Andrew Lloyd Webber)
주연_ 제라드 버틀러(Gerard Butler). Emmy Rosum, Patrick Wilson
원작_ 가스통 르루

크리스틴은 신비로운 유령이 이끄는 대로 그가 살고 있는 오페라하우스의 지하로 가게 된다. 뮤지컬에서 명장면 중의 하나로 꼽힌다.

유령이 살고 있는 지하에는 그의 음악세계가 펼쳐져 있었다. 이곳에서 유령은 크리스틴에게 〈밤의 음악〉(The Music of the Night)을 들려준다.

프랑스의 오페라 하우스에 있었던 전해 내려오는 이야기를 바탕으로 만들어진 영화이며, 영국의 유명한 뮤지컬 감독 안드로 로이드 웨버가 뮤지컬로 제작하여 많이 알려지게 되었다. 이야기 자체보다는 뮤지컬로 완성시킨 것으로 더욱 유명하다고 할 수 있다. 〈오페라의 유령〉에 나오는 음악들은 세계의 많은 사람들에게 사랑을 받고 있다. 특히 영국의 팝페라 가수 사라 브라이트만이 크리스틴 역할을 하면서 불렀던 노래들은 너무나 아름답다.

동양과 서양을 불문하고 전해 내려오는 무시무시한 이야기들이 있을 수 있다. 전설적인 드라큘라가 있고, 프랭크슈타인의 〈지킬 앤 하이드〉의 이야기처럼 신비스러운 이야기가 존재할 수 있다. 〈오페라의 유령〉은 얼굴을 반쯤 가린 가면을 쓴 채 오페라하우스의 지하에서 살고 있는 유령이 아름다운 오페라가수인 크리스틴을 향한 사랑을 담고 있다. 이들의 엇갈린 사랑과 유령의 크리스틴을 향한 사랑에 대한 집착, 크리스틴의 유령에 대한 연민 등에 관한 이야기라고 할 수 있다.

2003년 여름 방학이었을 때, 미국을 여행한 적이 있다. 미국의 브로드웨이에 가면 뮤지컬을 감상하는 것이 큰 즐거움이 된다. 뮤지컬 〈오페라의 유령〉은 미국 브로드웨이에서 두 번이나 감상한 적이 있다. 처음으로 미국의 브로드웨이에서 이 뮤지컬을 감상했을 때의 감흥을 지금도 잊을 수 없다. 2층의 맨 앞쪽 좌석에서 생생히 배우들의 모습을 볼 수 있었다. 크리스틴과 유령의 환상적인 듀엣곡은 여름밤의 더위를 말끔히 씻어주고도 남았다.

줄거리

1919년 파리의 오페라하우스에서 경매가 열리고, 나이가 많은 귀족 라울은 페르시안 옷을 입은 원숭이의 모양을 한 뮤직 박스를 구입하고 회상에 잠긴다.

수년 전에 유령이 부숴버린 샹들리에에 전기 장치가 복원되어 불이 들어오면서 화면은 1870년으로 바뀌게 된다.

기이한 모습을 유령이라 불리는 천재는 자신의 모습 때문에 사람들에게 조롱과 멸시를 당해, 아무도 모르게 자신만의 지하에서 지내고 있었다. 아름다운 오페라 가수 크리스틴을 사랑하는 유령은 아무도 모르게 그녀에게 음악을 가르쳐 준다. 크리스틴은 바이올린니스트였던 아버지가 죽기 전에 음악의 천사가 그녀를 도와줄 것이라고 했던 말을 믿고 있었다. 크리스틴은 자신도 모르는 신비한 힘에 이끌려 유령의 지도를 받아서 프리마돈나가 된다.

새로운 오페라를 〈한니발〉의 리허설을 하고 있는 동안 갑자기 프리 마돈나역을 하고 있던 칼로타가 노래를 할 수 없게 된다. 이에 당황한 경영진들은 칼로타를 대신할 역할을 찾고 있던 중에 안무를 담당하고 있던 지리여사의 추천으로 크리스틴에게 프리마돈나 역할을 맡긴다. 크리스틴의 첫 무대는 대성공으로 끝났고, 오페라 하우스의 재정 후원자였던 귀족 라울이 크리스틴을 알아보게 된다. 크리스틴과 라울은 어린 시절을 같이 보냈던 친구였다. 아름답게 성장한 크리스틴을 보고 라울은 사랑을 느끼고, 크리스틴 역시 라울을 사랑하게 된다. 하지만 이미 크리스틴을 사랑하고 있었던 유령은 크리스틴에게 배신감을 느끼고, 공연 도중 오페라하우스의 샹들리에를 떨어뜨린다.

〈오페라의 유령〉에 나오는 노래들

"Think of Me"
"Angel of Music"
"The Phantom of the Opera"
"All I ask of you"
"The Point of No Return"

영화를 감상한 후 다음 질문에 답하시오.

1. 오페라 가수 크리스틴이 프리마돈나가 될 수 있도록 도와준 음악의 천사는 누구인가?

2. 유령이라고 불리는 인물이 지하에 숨어 사는 이유는 무엇인가?

3. 크리스틴과 라울은 어떤 관계인가? 크리스틴과 라울이 같이 부른 노래 "All I ask of you"의 내용은 무엇인가?

4. 〈오페라의 유령〉에 나오는 노래 중에서 가장 좋아하는 노래는 무엇이며, 그 내용은 무엇인가?

5. 크리스틴이 유령에 대해서 느끼는 감정은 무엇인가?

어둠속의 댄서 Dancer in the Dark

덴마크, 2000년 작품

감독 _ Lar von Trier
주연 _ Bjork, Catherine Deneuve, David Morse
원작 _ Lar von Trier

미국으로 이민 와서 아들의 병을 고쳐주기 위해 힘들게 살아가는 셀마의 역할을 한 Bjork. 그녀가 부른 "I've seen it all"은 아카데미상에서 최고의 노래로 노미네이트 되었다.

줄거리

2000년에 만들어진 덴마크의 뮤지컬 영화로 칸느 영화제에서 많은 찬사를 받은 작품이다. 이 영화의 배경은 1964년경 미국의 워싱턴 주이며, 체코에서 미국으로 이민 온 셀마와 그녀의 아들, 그리고 친구의 따뜻한 우정에 관한 이야기이다. 아들의 병을 고쳐주기 위해 그녀는 공장에서 일하면서 돈을 모은다. 공장에서 힘들게 일하는 그녀에게 유일한 즐거움은 영화관에서 할리우드의 뮤지컬 영화를 보면서 노래를 듣는 것이었다. 그녀가 힘들 때 옆에서 도와주고 힘이 되어 주는 캐티와의 우정도 매우 감동적이다. 주인공 역할을 맡은 비욕(Bjork)은 아일랜드의 가수로 호소력 짙은 목소리로 슬프고도 아름다운 노래를 선사해 주고 있다.

주인공인 셀마는 경찰관인 빌(Bill)의 땅인 트레일러에서 세 들어 살면서 힘든 나날을 보낸다. 그녀는 유전적인 질병을 가지고 있으며, 서서히 시력을 잃어가게 된다. 자신과 똑같은 병을 가지고 있는 아들을 위해서, 한 푼 두 푼 돈을 부엌에 있는 사탕상자에 모은다. 돈이 모여질 때마다 아들의 수술을 위한 생각에 행복해 한다. 빌은 자신의 비밀을 이야기하겠다고 하면서 부인의 낭비벽 때문에 돈이 없다고 밝히며 돈을 빌려 달라고 한다. 하지만 셀마는 빌의 요구를 거절한다. 빌은 셀마에게 비밀을 털어 놓은 것을 후회하고, 셀마는 빌을 위로하기 위해서 자신의 비밀은 시력을 점점 잃어가고 있음을 밝힌다. 이처럼 그녀의 비밀을 알아차린 빌은 셀마의 돈을 훔치려 하고, 이런 과정에서 셀마는 빌(Bill)에게 실수로 방아쇠를 잘못 당겨 죽음에 이르게 한다. 셀마는 재판을 받게 되고, 자신의 억울함을 호소할 수 있는 기회가 주어지지만, 끝까지 빌의 비밀을 밝히지 않는다. 어쩔 수 없는 상황 때문에 교수형을 당하게 되는 한 여인의 비극을 다룬 뮤지컬 영화이다.

영화를 감상한 후 다음의 질문에 답하시오.

1. 주인공인 셀마의 운명에 대해 어떻게 생각하는가?

2. 주인공인 셀마가 가지고 있는 비밀은 무엇인가?

3. 셀마는 왜 미국으로 이민을 오게 되었는가?

4. 셀마가 살았던 체코에 대해 아는 바를 적어보시오. 체코의 수도는 어디인가?

5. 빌은 어떤 비밀을 셀마에게 말했는가?

6. 셀마가 끝까지 빌의 비밀을 지키는 이유는 무엇인가?

7. 셀마가 친구인 캐티가 유일하게 즐기는 것은 무엇인가? 이를 통해서 셀마는 무슨 꿈을 가지게 되었는가?

8. 셀마를 끝까지 도와주는 캐티에 대해서 어떻게 생각하는가?

9. 미국의 이민정책에 대해서 어떻게 생각하는가?

10. 이 영화에서 가장 인상 깊었던 장면은 무엇인가?

에비타 Evita

아르헨티나, 1996년 작품

감독 _ Alan Parker
주연 _ 마돈나(Madonna), 안토니오 반데라스(Antonio Banderas)
음악 _ 앤드류 로이드 웨버(Andrew Lloyd Webber)

페론 장군이 대통령으로 당선된 후 환호하는 국민들을 향해서 답하는 에바. 그녀가 불렀던 "Don't forget me Argentina"는 지금까지도 많은 사람들의 사랑을 받고 있다.

줄거리

사회적으로 멸시받는 사생아 출신의 에바 두아르테는 나이트클럽의 댄서로 시작해서 라디오 성우를 거치며 자신을 천대해 온 세상을 비웃어 주기 위해서 출세를 위한 야망을 키워나간다. 작은 마을에서 부에노스아이레스로 가 성공하기 위해서는 주변에 있는 많은 남자들을 이용한다. 영화배우가 되어 유명해지기 시작했을 무렵 1944년 지진으로 인한 난민구제모금기관에서 에바는 노동부 장관인 후안 페론을 만나게 되고, 아름다운 에바에게 페론은 매력을 느껴 사랑하게 된다. 이 둘은 결혼을 하게 되고, 페론이 대통령이 되었을 때, 에바는 부통령이 되어 페론을 내조하게 된다.

그녀의 성공은 가난한 아르헨티나 국민들에게 하나의 희망이 되었고, 포퓰리즘을 이용해서 에바는 국민들의 사랑을 받게 된다. 하지만 젊은 나이에 병에 걸려 죽음에 이르게 된다. 한편의 소설과 같았던 에바의 이야기는 뮤지컬로 제작되어 세계 여러 곳에서 공연되고 있다. 그녀가 아르헨티나 국민들을 위해 부른 "Don't forget me Argentina"는 듣는 이들의 마음을 애잔하게 하고 있다.

영화를 감상한 후 다음의 질문에 답하시오.

1. 탱고로 유명한 아르헨티나의 수도는 어디인가?

2. 영화 〈에비타〉의 무대가 되는 시대 배경은 어느 때인가?

3. "에비타"는 누구이며, 어떠한 삶을 살게 되는가?

4. "에비타"가 부에노스아이레스로 가기를 원하는 이유는 무엇인가?

5. "에비타"의 일생을 통해서 알 수 있는 아르헨티나의 역사적인 배경은 무엇인가?

6. 뮤지컬 〈에비타〉에 나오는 유명한 노래 “Don't cry for me Argentina”에 관한 내용을 살펴보고 느낀 점을 써 보시오.

7. “에비타”는 페론 대통령과 결혼하여 부통령이 된다. 가난한 사람들을 위한 정치를 선포하는데, “에비타”가 주장하는 포퓰리즘은 무엇인가?

8. 영화의 무대가 유럽이 아닌 남미의 한 나라이다. 유럽이나 미국이 배경인 것에 비해서 어떤 것을 배울 수 있는가?

9. “에바 페론”이 아르헨티나 국민들에게 사랑과 존경을 받는 이유는 무엇인가?

10. 이 영화를 보고 느낀 점을 쓰시오.

맘마 미아! Mamma Mia!

그리스 배경

감독 _ 필리다 로이드(Phyllida Lloyd)
주연 _ 메릴 스트립(Meryl Streep), 피어스 브로스넌(Pierce Brosnan), 콜린 퍼스(Colin Firth), 아만다 사이프리드(Amanda Seyfried)
음악 _ 아바 그룹

브로드웨이에서 뮤지컬로 제작되어 많은 성공을 거둔 작품을 새로이 영화로 만든 것이다. 코믹 뮤지컬(romantic comedy)이다.

1970년대에 세계적으로 크게 유행했던 스웨덴의 남녀 4인조 그룹이었던 〈아바〉의 대표적인 노래들을 가지고 기가 막히게 재미있는 이야기를 창조해 낸 것이다.

명배우 메릴 스트립과 피어스 브로스넌, 콜린 퍼스 등의 배우들이 펼치는 코믹한 연기와 노래들은 충분히 즐거움을 선사하고 있다.

줄거리

맘마 미아라는 뜻은 "어머나"라는 일종의 감탄사라고 할 수 있다. 엄마인 도나와 함께 그리스의 작은 섬에서 살고 있는 소피는 결혼을 앞두고 자신의 아빠를 찾기 위해서 엄마의 일기장에서 보았던 세 명의 남자를 초대하는 것으로 시작된다. 세 명의 남자인 빌 오스틴, 해리 브라이트, 샘 카마이클 그리스의 환상적인 아름다운 섬에 도착해서 벌어지는 유쾌한 이야기이다. 도나의 친구인 로지와 타냐도 도착하고, 무사히 소피의 결혼을 치루기 위해 노력한다.

이런 과정에서 소피의 결혼 상대자인 스카이는 소피가 결혼하는 이유가 자신을 사랑하기보다는 아버지를 찾기 위한 것이라고 오해한다.

뮤지컬에서 감상할 수 있는 주옥같은 노래들은 다음과 같다.

"Dancing Queen"
"Winner takes all"
"I have a dream."
"Thank you for the Music"
"Money, Money, Money"

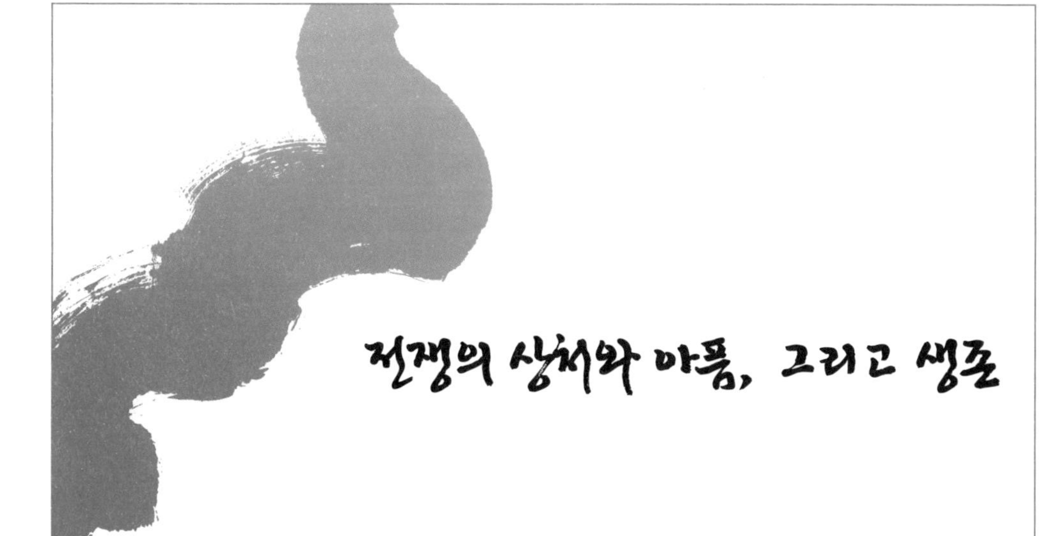

전쟁의 상처와 아픔, 그리고 생존

디어 헌터 _ 미국
피아니스트 _ 폴란드
인생은 아름다워 _ 이탈리아
킬링필드 _ 캄보디아

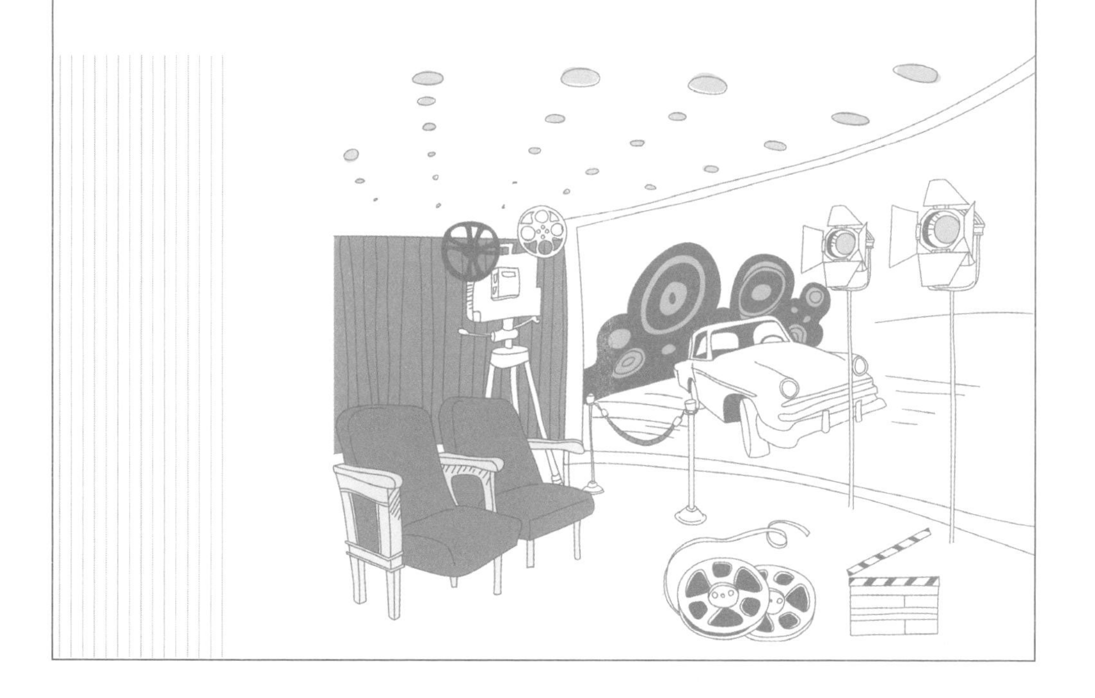

인류의 역사가 시작되면서부터 인간은 끊임없이 전쟁을 해왔다. 서로 정복하고 정복당하면서 그렇게 역사는 흘러왔다. 20세기에 들어서면서부터 발생했던 제1차 세계대전(1914~1918)과 제2차 세계대전(1939~1945), 히틀러가 유대인들을 학살했던 사건은 인류의 역사에서 치유할 수 없는 상처를 남겼다.
베트남, 라오스, 캄보디아의 군사적인 갈등으로 시작된 베트남 전쟁(1955~1975)은 정의감에 불탔던 미국의 청년들에게 정신적인 고통을 안겨준 전쟁이었고, 1975년 베트남의 사이공이 함락되면서 끝이 났다. 수많은 사람들이 희생되었던 캄보디아의 내전(1970~1975)과 악명 높았던 킬링필드, 이러한 역사는 다시금 되풀이 되지 말아야 할 것이다.

디어 헌터 Deer Hunter

미국, 1978년 작품

감독_ Michael Cimino
주연_ 로버트 드 니로, 크리스토퍼 Walken, 메릴 스트립
각본_ Deric Washburn

베트남 전쟁 당시, 베트콩들은 포로들을 고문하는 한 방법으로 가장 충격적인 러시안 룰렛 게임을 하곤 했다. 닉 역할을 한 크리스토퍼는 아카데미 남우조연상을 수상했다.

월남에 참전한 세 명의 친구 중에서 가장 용감했던 마이클

1978년 최고 감독상을 비롯해서 5개 부문에서 아카데미상을 수상한 작품이다.

줄거리

미국 펜실베이니아 주에 있는 작은 도시의 제철소에 다니는 마이클과 닉, 스티븐은 절친한 친구 사이로 종종 사슴사냥을 즐긴다. 이 세 젊은이는 스티븐이 누구의 아이인 줄도 모르는 아기를 임신한 연상의 여인, 안젤라와 결혼을 마치자마자 베트남으로 떠난다. 삶과 죽음의 경계를 넘나드는 베트남에서 전투를 치루던 마이클과 닉, 스티븐은 적에게 사로잡히는 신세가 되고, 그들은 베트콩의 잔인한 고문과 죽음의 공포로 인해 육신과 정신이 피폐해지기 시작했다.

마이클은 점점 이성을 잃어가는 스티븐을 일으켜 세우며 닉과 함께 탈출의 기회를 엿본다. 베트콩들이 좋아하는 고문의 한 방법인 러시안 룰렛 게임에 말려 들어가던 닉과 마이클은 게임 도중 적들을 해치우고 탈출에 성공한다. 죽을 고비를 넘기고 친구들과 헤어져 제대를 하고 고향에 돌아온 마이클을 기다리고 있는 것은 닉이 베트남에서 실종되었다는 소식과 반신불수가 된 스티븐이었다.

매달 베트남에서 거액의 돈이 스티븐 앞으로 우송된다는 사실을 알게 된 마이클은 돈을 보내는 사람이 베트남에서 실종된 닉이라고 확신한다. 닉을 찾아 다시 베트남으로 향하는 마이클은 의외의 장소에서 그를 발견했다. 거액의 돈을 걸고 러시안 룰렛을 하는 도박장에서, 이미 넋이 나간 닉은 마이클을 알아보지 못한 채, 마치 기계와 같이 자신의 머리를 향해 방아쇠를 당긴다. 삶에 대한 희망을 잃어버린 닉이 택한 마지막 방법은 죽음이었다.

Post traumatic stress disorder(PSTD)는 전쟁이나 어려운 일을 경험하고 나서 정신적으로 괴로움을 경험하고 있는 현상이다. 한국 군인들도 베트남 전쟁에 참가한 후 이런 현상을 겪었으며, 특히 1980년 5월 광주에서 겪은 사람들은 그때 받은 충격으로 인해 많이 괴로워하고 있다고 한다. 전쟁이 인간에게 가져다 주는 것은 상처뿐이다.

영화를 감상한 후 다음 질문에 답하시오.

1. 러시안 룰렛게임은 무엇이며, 이것이 인간의 극한상황에서 주는 의미는 무엇인가?

2. 베트남 전쟁은 몇 년 동안 진행되었고, 미국이 참전한 이유는 무엇인가?

3. 미국에 사는 러시아 이민자들의 생활은 어떠한가?

4. 이 영화에 나타난 러시아 정교회의 결혼식의 모습은 어떠한가?

5. 자살, 우정, 러시안 룰렛, 공동체 생활, 전쟁 등의 문제에 대해서 어떻게 생각하는가?

6. 이 영화를 보고 느낀 점은 무엇인가?

피아니스트 Pianist

폴란드, 2002년 작품

감독 _ 로만 폴란스키(Roman Polanski)
주연 _ 애드리언 브로디(Adrien Brody)
원작 _ 블라디 슬로트 스필만 원작(Wladyslaw Szpilman)

독일인 장교 앞에서 목숨을 건 연주를 하고 있는 피아니스트 스필만이 영화의 명장면이라고 할 수 있다.

폐허가 된 건물에서 스필만을 발견하고 그의 피아노 연주를 듣고 있는 독일인 장교. 그는 스필만의 연주에 감동되어 스필만의 목숨을 구해준다.

어둠 속에서 스필만의 피아노 연주가 울려 퍼진다.

2002년 아카데미 최우수감독상과 남우주연상을 수상했다.

"음악은 그의 열정이었고, 그가 살아남을 수 있었던 것은 바로 그의 인생의 걸작이었다."

줄거리

이 영화는 피아니스트인 스필만의 자전적 소설로써, 그의 회고록을 그의 아들이 1998년에 출판하였다. 이 책을 읽은 후 사람들은 스필만이 겪은 생생한 회고록을 통해서 그 당시의 유대인들이 겪은 엄청난 사건을 다시금 인식하게 되었다. 이 영화를 통해서 아우슈비츠에서 어떻게 폴란드계 유대인들이 희생되어 가는 과정을 볼 수 있고, 또 인간의 존엄성이 어떻게 짓밟혀져 가는 것인가를 여실히 볼 수 있다. 죽음을 넘나드는 최악의 환경에서 살아남을 수 있었던 피아니스트 스필만의 회고록은 세계의 모든 사람들에게 깊은 감동을 선사한다.

로만 폴란스키 감독은 유대계 폴란드인으로 파리에서 태어나 세 살 때 고국인 폴란드에 가게 된다. 그곳에서 나치에게 핍박받으면서 끔찍한 어린 시절을 보내게 된다. 폴란스키는 아우슈비츠 수용소에서 부모를 잃고 고국 폴란드를 떠나 평생을 여러 나라를 돌아다니며 살고 있다.

전도유망한 피아니스트인 스필만은 자기의 의도와는 전혀 다른 전쟁을 겪게 되면서부터 그의 꿈을 이루지 못하고, 인간의 존엄성이 무시된 생활을 6년 동안이나 하게 된다. 스필만은 전쟁의 공포를 직접 경험하게 된다. 전쟁이란 강대국들의 영토다툼으로 일어나며, 수많은 무고한 사람들의 희생이 따르게 된다. 전쟁으로 인해서 한 인간의 영혼이 얼마나 황폐해지고, 또 인간의 존엄성이 어떻게 짓밟히고 있는 것인가를 여실히 보여주고 있다. 이러한 극한 상황에서 스필만이 견뎌 낼 수 있도록 해준 것은 바로 음악에 대한 열정과 의지력이었다. 스필만의 생생한 회고록을 바탕으로 로만 폴란스키 감독은 감동적인 영화를 만들어 냈다. 언제 들킬지도 모르는 곳에서 혼자 숨어있을 때의 공포감과 자유에 대한 갈망, 혼자 숨어 지내면서 피아노 건반 위에 손을 얹고 침묵의 연주를 하는 모습은 보는 이의 마음을 측은하게 한다. 인간의 존엄성이 과연 어느 정도까지 말살될 수 있는 것인가? 아름다운 음악의 선율, 전운이 감도는 폐허가 되어버린 곳에서 울려 퍼지는 아름다운 피아노의 연주는 이 영화에서 명장면으로 꼽힌다.

독일인 장교와의 극적인 만남. 적장 앞에서 죽음을 당할 수도 있었지만, 스필만은 달빛을 받으면서 자신의 모든 것을 건 피아노 연주를 시작한다. 이러한 음악이 독일인 장교를 감동시키고, 이로 인해서 스필만은 목숨을 건지게 된다. 모든 사랑하는 가족을 잃고 어려운 역경 속에서도 그가 살아남을 수 있었던 힘은 바로 음악에 대한 그의 열정 때문이었다. 음악은 사상과 국경을 뛰어넘어 사람을 감동시킬 수 있는 힘을 가지고 있다. 비록 다른 위치에 있다 하더라도 음악을 통해서 하나가 될 수 있는 것이다.

영화를 감상한 후 다음의 질문에 답하시오.

1. 스필만은 어느 나라 사람이며, 그의 가족들은 어떻게 되었는가?

2. 영화감독인 로만 폴란스키가 이 영화를 만든 이유는 무엇인가? 로만 폴란스키가 자란 배경은 어떠한가?

3. 스필만이 끝까지 어려움을 딛고 살아남게 한 원동력은 무엇이라고 생각하는가?

4. 스필만이 독일인 장교 앞에서 연주한 쇼팽의 피아노곡은 무엇인가?

5. 스필만의 목숨을 구해준 독일인 장교에 대해서 어떻게 생각하는가?

6. 이 영화를 보고 느낀 점은 무엇인가?

인생은 아름다워 Life is beautiful

이탈리아, 1997년 작품

감독_ Roberto Benigni
주연_ Roberto Benigni
원작_ Roberto Benigni

행복했던 귀도의 가정이 히틀러의 유대인 말살정책으로 인해서 파괴된다. 귀도는 자신이 꿈꾸어왔던 작은 서점을 경영하면서 아름다운 도라와 사랑스러운 아들 조수아와 함께 행복한 가정생활을 한다. 히틀러가 이탈리아를 점령했을 때, 귀도의 평화로운 가정에 불행의 그림자를 가져온다. 전쟁은 이처럼 평범한 사람들의 일상을 엉망으로 만들어 버린다.

아빠인 귀도가 독일 군인의 명령을 통역하고 있는 모습을 보고 있는 조수아. 귀도는 독일어를 전혀 모르지만, 뛰어난 재치 감각으로 조수아에게 하고 싶은 말을 이탈리아어로 하게 된다. 귀도의 통역을 듣고 있는 유대인들.

1999년 아카데미 남우주연상과 최우수 외국어 영화상을 수상했다.

미국의 유대인 대학살 박물관(Holocaust museum)에 가 본 적이 있다. 전체가 검정색의 어두운 분위기로 되어 있는 이 박물관에서 나는 유대인들이 얼마나 힘들게 생활하고 희생되었나를 느낄 수 있었다. 유대인 수용소에서 여름에는 무더위와 싸워야 했고, 겨울에는 이불 하나 제대로 없는 곳에서 추위와 싸우면서 죽음을 기다려야 했던 유대인들이었다. 인간이 인간을 학살하는 일은 정말 잔인한 일이다. 히틀러는 유럽에서 살고 있었던 유대인들뿐만 아니라 정신병자들, 장애인들, 사회에 적응하지 못하는 모든 사람들을 다 집단수용소에 보내서 처형시켰다. 히틀러는 게르만 민족의 우수성을 강조했으며, 그들만의 이상적인 사회를 만들려는 망상을 갖고 있었다.

줄거리

이탈리아에 사는 유대인들이 제2차 세계대전 때 집단수용소에서 겪었던 비극적인 사건을 슬프고도 아름답게 그려낸 영화이다. 유대인 대학살(홀로코스트 holocaust)을 다룬 대부분의 영화들이 인간의 존엄성이 무참히 짓밟히는 면들을 다룬 반면, 이 영화에서는 잔인한 장면들이 나오지 않고, 유머를 통해서 잔잔한 감동을 자아내게 한다. 전쟁의 아픔을 잔인하지 않고 따뜻한 인간애로 묘사한 작품이다. 나치의 유대인 수용소에서 아들을 위해서 끝까지 희망을 잃지 않고, 아들에게 웃음을 선사하는 아버지 귀도의 따뜻한 마음을 엿볼 수 있다.

귀도는 이탈리아계 유대인이다. 그는 초등학교 교사인 아름다운 도라를 만나고 나서 사랑에 빠져 결혼을 하게 된다. 도라는 유대인이 아니고 이탈리아 인이다. 도라의 부모는 귀도와의 결혼을 반대한다. 귀도와 도라는 귀여운 아들 조수아와 함께 행복한 가정을 꾸리고 살게 된다. 히틀러가 이탈리아를 점령했을 때, 모든 유대인들은 집단수용소로 끌려가게 된다. 도라는 유대인이 아니지만, 남편과 아이를 만나기 위해 수용소에 가서 지내게 된다. 귀도는 힘든 수용소 생활이 하나의 게임이라고 조수아에게 말하고, 게임을 시작하게 된다. 조수에의 천진난만한 모습과 아들을 위해서 희극적으로 게임을 하는 귀도의 모습이 매우 인상깊다. 유대인 수용소 생활을 잔인하지 않게 다룬 깊은 감명을 주는 영화이다.

“세상이 아무리 힘들다 해도 인생은 아름다운 것이란다.”

영화를 감상한 후 다음 질문에 답하시오.

1. 제 2차 세계대전 때 히틀러가 유대인 말살정책을 쓴 이유는 무엇인가?

2. 이태리에 살았던 유대인들은 얼마나 되었는가?

3. 히틀러의 유대인 학살에 관한 영화들은 어떤 것들이 있는가? 예를 들어, 〈쉰들러 리스트〉, 〈피아니스트〉를 감상해 보고, 이 영화와 비교해 보시오.

4. 히틀러의 6백만 유대인 학살은 인류의 역사 가운데에서 가장 잔인한 사실이다. 이 영화에 등장하는 귀도는 어느 나라 사람인가?

5. 귀도가 유대인 수용소에 가게 되는 이유는 무엇인가?

6. 수용소에서 아내에게 아들과 자신의 안부에 대해서 어떤 방법으로 알리고 있는가?

7. 유대인 집단수용소에서도 여전히 천진하게 생활하는 조수아를 보고 느낀 점은 무엇인가?

8. 제2차 세계대전은 언제 끝났고, 이러한 어마어마한 전쟁이 우리에게 주는 교훈은 무엇인가?

9. 유대인 수용소에서 조수아는 어떻게 아빠의 말을 믿고 있는가?

10. 귀도의 가족에 대한 사랑과 희생에 대해서 느낀 점을 쓰시오.

킬링필드 The Killing Fields

캄보디아, 1984년 작품

감독 _ Roland Joffe
주연 _ Sam Waterson, Haing S. Ngor
원작 _ Bruce Robinson

영국에서 만든 작품

뉴욕타임즈 기자로 캄보디아 사태를 취재하고 있는 시드니와 캄보디아의 현지 채용기자인 디스 프란, 국경을 초월한 이 두 사람의 우정

천신만고 끝에 캄보디아의 〈킬링필드〉를 탈출하여 베트남의 국경지역 난민촌에서 시드니를 만난 디스 프란

〈킬링필드〉는 1980년 1월 20일자 「뉴욕타임스」에 실려 퓰리처상을 수상한 쉔버그 기자의 글 〈디스프란의 생과 사 – 한 캄보디아인의 이야기〉를 각색한 작품이다. 영국 출신의 롤랑 조페 감독은 캄보디아 내란을 취재하던 「뉴욕타임스」지의 특파원 시드니 쉔버그와 공산화된 캄보디아에 홀로 남겨진 캄보디아인 친구 디스 프란과의 인종과 국경을 뛰어넘는 우정을 감동적으로 그려내고 있다. 〈킬링필드〉는 제도나 사상의 이름으로 가해지는 폭력이 얼마나 야만적인가라는 질문을 던지며 제도의 야수성을 고발하고 폭로해 전 세계의 자유인들에게 쉽사리 잊혀 지지 않을 충격을 안겨준 훌륭한 작품이다.

아카데미 남우조연상을 수상한 배우 행 S. 노어는 직업 배우가 아닌 의사였다. 실제로 부모와 약혼자, 8남매 중 다섯 형제를 모두 공산 크메르루즈군에게 남기고 1980년 9월 홀몸으로 미국으로 이주해 외과의사로 지내다 친구의 결혼식 파티에서 우연히 롤랑 조페 감독의 눈에 띄어 〈킬링필드〉에 출연하게 되었다고 한다. 노어의 남우조연상 수상은 영화의 내용상 극을 이끌어가는 주연배우였음에도 조연상을 수여한 것이 인종차별 때문이 아니었나 하는 논란을 불러일으키기도 했다. 행 S. 노어는 몇 년 뒤 밝혀지지 않은 암살자에 의해 살해되어 영화팬들에게 커다란 충격을 안겨주었다.

1997년 미국 유학시절에 만났던 캄보디아의 학생이 생각난다. 그의 이름은 "원"이었고, 미국 정부의 장학금을 받고 공부하고 있었다. 지식인이었던 그의 부모도 역시 암흑과도 같았던 캄보디아 사태를 겪었다고 했다. 그가 미국에 왔을 때, 캄보디아와의 환경과 너무 달라 문화적인 충격을 받았다고 했다. "세상에 이렇게 깨끗하고 좋은 곳이 있다니…" 지금쯤 "원"은 아마도 캄보디아에서 나라를 위해 공헌하고 있을 것이다.

줄거리

캄보디아 주재 미국의 「뉴욕타임스」지 특파원인 시드니 쉔버그는 1972년 캄보디아 사태에서 크메르군을 섬멸하기 위해 미국 공군이 니크루움에 잘못 폭격하여 많은 민간인 사상자가 발생한 사건을 취재하기 위해, 캄보디아가 크메르루즈 정권에 함락되기 직전인 1973년 8월 캄보디아의 수도 프놈펜에 도착한다. 그러나 미국은 이 사실이 세상에 알려지는 것을 원치 않았기 때문에 보도진을 따돌리려 하고, 시드니는 「뉴욕타임스」지의 현지 채용기자인 캄보디아인 디스 프란과 함께 어렵게 현지에 가서 참혹한 현장을 카메라에 담는다. 그러나 상황은 시시각각 캄보디아 정부에 불리하게 돌아가고, 이에 위협을 느낀 시드니와 프란 일행은 미국 대사관의 도움을 얻어 먼저 가족을 탈출시키고 자신들은 마지막까지 취재를 감행한다. 취재 중 크메르루즈군에게 붙잡혀 처형될 위기에 처하기도 하지만 프란의 간곡한 설득과 도움 덕분에 시드니와 다른 서구 기자들은 무사히 풀려난다. 결국 프놈펜이 크메르루즈군에게 함락되고, 궁지에 몰린 시드니와 프란 일행은 프랑스 대사관을 찾아가 도움을 청하지만 프랑스 대사관은 프란이 캄보디아인이라는 이유로 도움을 거절한다. 할 수 없이 시드니와 다른 기자들만 탈출에 성공하고, 대사관 밖으로 쫓겨난 프란은 크메르루즈군에게 붙잡혀 강제 노동수용소에서 인간 이하의 대접을 받으며 하루하루를 살아간다.

본국으로 무사히 돌아온 시드니는 먼저 도착한 프란의 가족을 보살피는 한편 프란의 소재를 파악하고 미국으로 데려오기 위해 최선을 다하지만, 프란을 구명하기란 쉽지가 않다. 그동안 강제 노동수용소에서 온갖 고초를 겪던 프란은 그곳 수용소에 있는 지식인 출신 크메르루즈군 장교 파트의 아들을 돌봐주는 일을 맡아 하다가 체제에 회의를 느낀 파트의 도움으로 간신히 그 지긋지긋한 수용소를 탈출하여 크메르루즈군의 학살로 숨진 사람들의 해골이 산더미처럼 쌓인 킬링필드를 지나 제3국인 태국의 난민촌에 도착한다. 1979년 10월 9일 디스 프란이 캄보디아를 탈출했다는 소식을 전해 받은 시드니는 급히 태국의 난민촌으로 향하고 마침내 극적인 재회를 하게 된다.

영화를 감상한 후 다음 질문에 답하시오.

1. 영화 제목인 〈킬링필드〉란 무엇을 의미하는가?

2. 수많은 사람들이 희생된 캄보디아 사태는 언제 일어났는가?

3. 캄보디아의 수도는 어디이며, 이 나라에 대해서 알고 있는 점을 써 보시오.

4. 캄보디아의 수많은 사람들을 희생시킨 독재자 폴 포트는 누구이며, 그의 최후는 어떠했는가?

5. 디스 프란과 시드니의 우정에 대해서 어떻게 생각하는가?

6. 크메르루즈 정부가 수많은 지식인들과 선량한 사람들을 학살한 이유는 무엇인가?

7. 이 영화에서 디스 프란 역을 한 외과의사 행 노어의 삶에 대해서 어떻게 생각하는가?

영화 속에 나타난 사실적인 이야기와 사건들

티베트에서의 7년_ 티베트

토끼 울타리_ 호주

아웃 오브 아프리카_ 케냐

아름다운 마음_ 미국

모리와 함께한 화요일_ 미국

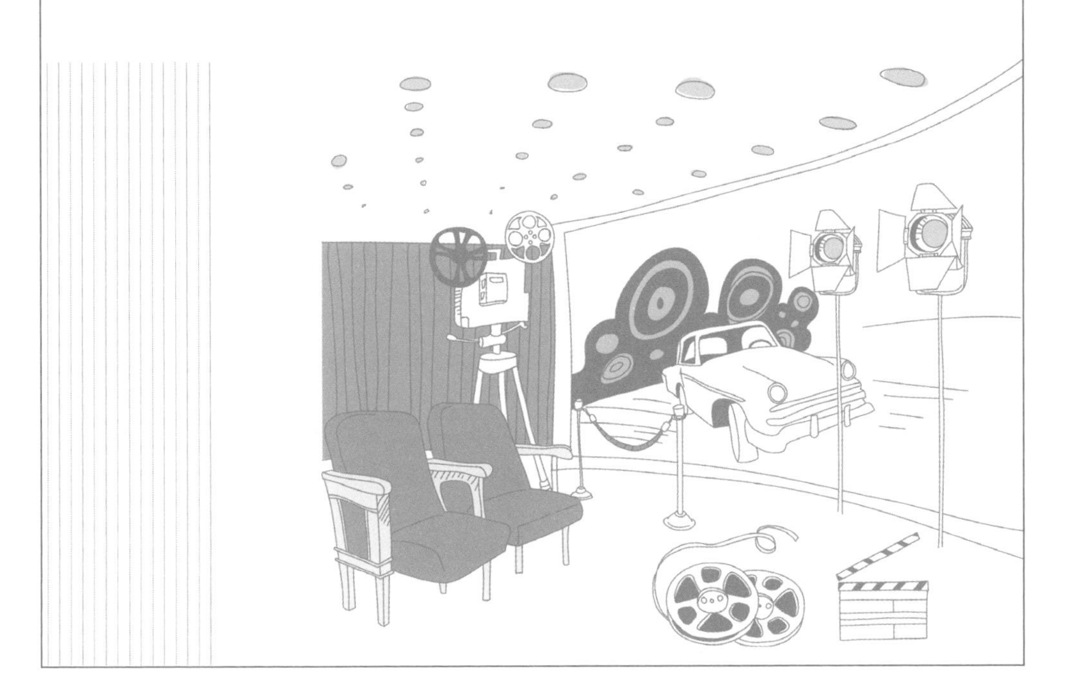

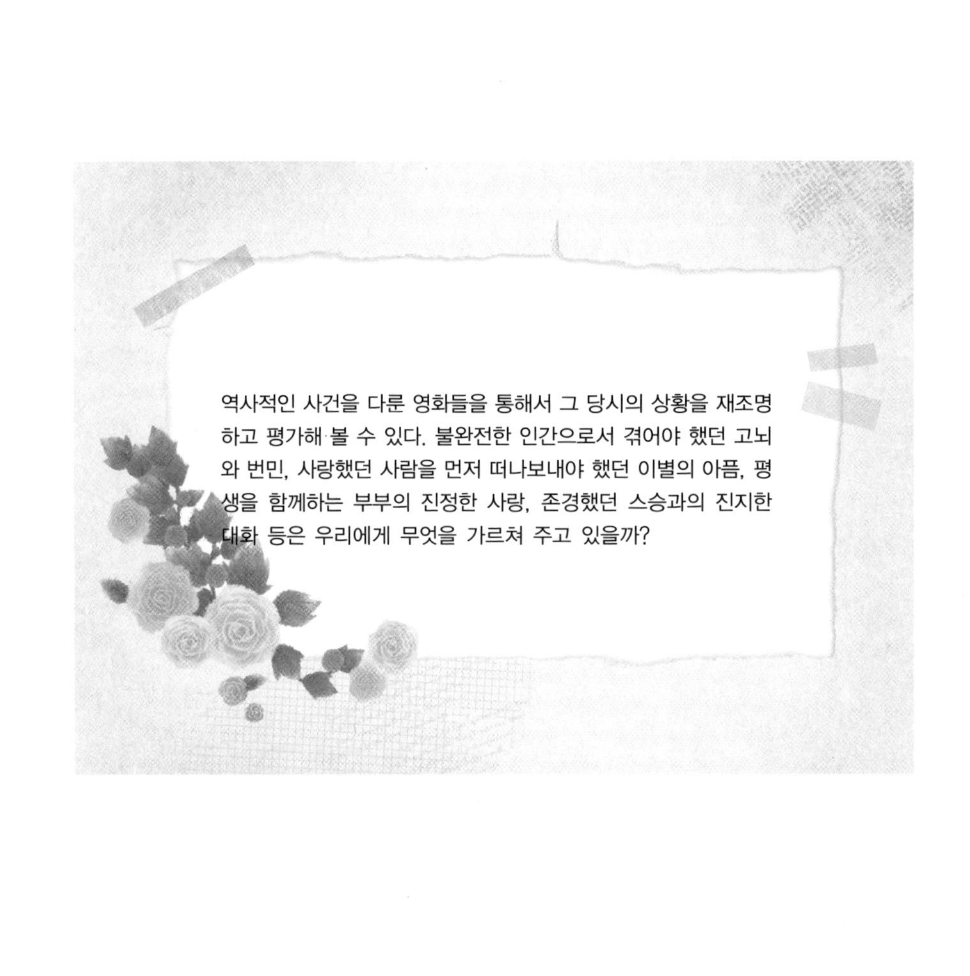

역사적인 사건을 다룬 영화들을 통해서 그 당시의 상황을 재조명하고 평가해 볼 수 있다. 불완전한 인간으로서 겪어야 했던 고뇌와 번민, 사랑했던 사람을 먼저 떠나보내야 했던 이별의 아픔, 평생을 함께하는 부부의 진정한 사랑, 존경했던 스승과의 진지한 대화 등은 우리에게 무엇을 가르쳐 주고 있을까?

티베트에서의 7년 Seven Years in Tibet

티베트가 배경, 1997년 작품

감독 _ Jean-Jacques Annaud
주연 _ 브래드 피트
원작 _ 하인리히 하러

1944년과 1951년 오스트리아의 유명한 산악인 하인리히 하러가 티베트에서 겪었던 일을 바탕으로 만든 영화이다.

척박한 땅에서 평화를 사랑하고 종교에 의지해서 살아가는 순수한 티베트 사람들을 짓밟은 중국과의 문제는 아주 민감한 문제로 대두되고 있다. 또한 첼리스트 요요마의 아름다운 음악을 감상할 수 있는 즐거움이 있다.

정신세계와 물질세계의 다른 점은 무엇인가? 자신은 어느 것에 더 중점을 두는가? 물질만능주의를 가진 사람들이 생각해 볼 수 있는 정신세계의 귀중함을 느껴 볼 수 있다.

줄거리

하인리히 하러는 임신을 한 부인의 간곡한 부탁에도 불구하고 1939년 히말라야의 최고봉 중의 하나인 낭기파르밧으로 원정을 떠난다. 강인함과 냉철함, 그리고 이기적인 성격의 하인리히는 혹한의 산정에서 몇 번이나 죽을 고비를 넘기지만 이것은 그의 험난하고 기나긴 여정의 시작에 불과했다.

제2차 세계대전이 일어나자, 하러는 네팔의 영국군 포로수용소에서 갇히게 되고, 죽음을 건 네 번의 실패 끝에 포로수용소를 탈출한다. 하지만 부인으로부터 이혼 통고를 받게 된다. 고국으로 돌아가기 위해서 다시 선택할 수밖에 없었던 히말라야에서의 사투, 그리고 티베트의 라사라는 금단의 도시에 이르게 된다. 이곳에서 하러는 모든 국민에게 추앙받는 종교적・영적 지도자인 13세의 어린 나이의 달라이 라마와의 만남을 통해 영적인 성숙을 경험하게 되고 그의 인생은 바뀐다.

하인리히는 자신이 원하는 모든 것을 가졌지만 그것이 얼마나 무모한지 깨닫지 못했다. 그러나 하러는 달라이 라마와의 만남을 통해 이기심, 두려움, 명예욕 등이 부질없는 것이라는 깨달음을 얻게 된다. 그리고 달라이 라마에게 서방세계의 문명을 가르쳐주며 우정을 나누게 된다. 그러나 평온했던 영혼의 나라 티베트에 1950년 중국인민해방군이 진격해 오면서 모든 것이 변하게 된다.

【DVD Seven Years in Tibet, 2001, 10 참조】

영화를 감상한 후 다음의 질문에 답하시오.

1. 티베트의 수도는 어디인가?

2. 이 영화에서 주인공인 하인리히의 직업은 무엇이며 어느 나라 사람인가?

3. 이 영화의 시대적인 배경은 무엇인가?

4. 티베트의 정신적인 지도자는 누구이며, 어떠한 인물로 묘사되고 있는가?

5. 이 영화의 주인공인 하인리히는 티베트를 방문하여 이곳에 대해서 어떻게 묘사하고 있는가?

6. 하인리히가 티베트에 머문 지 7년째 되던 해에 무슨 일이 일어나는가?

7. 중국인들은 티베트 사람들의 종교에 대해서 어떻게 생각하는가?

8. 중국인들의 티베트 말살 정책에 대해서 어떻게 생각하는가?

9. 이 영화의 줄거리를 살펴보고 자신이 느낀 점을 적어 보시오.

토끼 울타리 Rabbit-Proof Fence

호주, 2002년 작품

감독_Philip Noyce
주연_Evelyn Sampi, Kenneth Branagh, David Gulpilil
원작_Doris Pilkington

엄마와 함께 평화로운 생활은 하던 몰리는 갑자기 백인들에게 잡혀가게 된다.

백인과 원주민 사이에 태어난 아이들을 격리 수용해서 교육을 시킨 후에 백인 가정의 가정부로 보낸다.

수용소에서 탈출한 세 명의 자매(Molly, Gracie, Daisy)들이 엄마를 찾아 떠나고 있다.

줄거리

1930년대 호주의 비인간적인 원주민정책에서 벌어진 실화를 소재로, 도리스 필킹턴(Doris Pilkington)과 누기 가리마라가 공동으로 쓴 〈토끼 울타리를 따라서〉(Follow the Rabbit-Proof Fence)를 바탕으로 한 영화이다. 이는 영국의 한 고위관리가 호주의 오지에 살고 있는 원주민 여자아이들을 가족과 분리시켜, 백인가정의 가정부로 보내야 한다는 정책에서 시작되었다.

당시 호주대륙의 지배층인 백인들이 유색인종(토착민)의 확산을 막기 위해 어린 혼혈인 소녀들을 부모로부터 빼앗아 강제 수용시키는 비인간적 정책 과정에서, 수용소를 탈출하여 험난한 여정 끝에 부모 품에 돌아온 세 소녀들의 자전적 모험을 그렸다. 이 중 생존해 있는 두 주인공은 영화 후반부에 할머니의 모습으로 특별 출연하였으며, 원작자인 도리스 필킹턴은 영화의 주인공인 몰리의 실제 딸이다.

이 영화의 제목인 〈토끼 울타리〉는 당시 호주에서 농작물 등의 피해를 주는 토끼의 대량 번식을 막기 위해 대륙을 가로지르며 설치한 기나긴 울타리를 가리키며, 동시에 이것은 영화의 내용인 백인들의 유색인종에 관한 비인간적 정책을 가리키고 있다.

오늘날 호주에서는 이 당시에 원주민 여자아이들이 겪었던 세대를 "잃어버린 세대"라고 한다.

영화를 감상한 후 다음 질문에 답하시오.

1. 호주의 원주민들은 누구인가?

2. 호주의 백인들이 원주민들에게 실시한 정책은 무엇인가?

3. 이 영화를 보고 느낀 점은 무엇인가?

4. 인간의 차별정책에 대해서 느끼는 점은 무엇인가?

5. 호주에서 토끼 울타리를 만든 이유는 무엇인가?

6. 호주는 영국의 죄수들이 건너가서 세운 나라(Penal country)이다. 원주민들과 백인들과의 관계에 대해서 어떻게 생각하는가?

7. 잃어버린 세대(stolen generation)의 의미는 무엇인가?

8. 호주의 역사와 문화에 대해서 조사해 보시오.

9. 한 사람의 생각에서 나온 정책이 많은 사람들에게 큰 영향을 끼칠 수 있다. 이에 대해서 어떻게 생각하는가?

아웃 오브 아프리카 Out of Africa

케냐가 배경임, 1985년 작품

감독 _ 시드니 폴락(1986년 아카데미상 최우수 감독상 수상)
주연 _ 매릴 스트립, 로버트 레드포드
원작 _ 카렌 블랙센
주제곡 _ 모차르트의 클라리넷 협주곡 K622

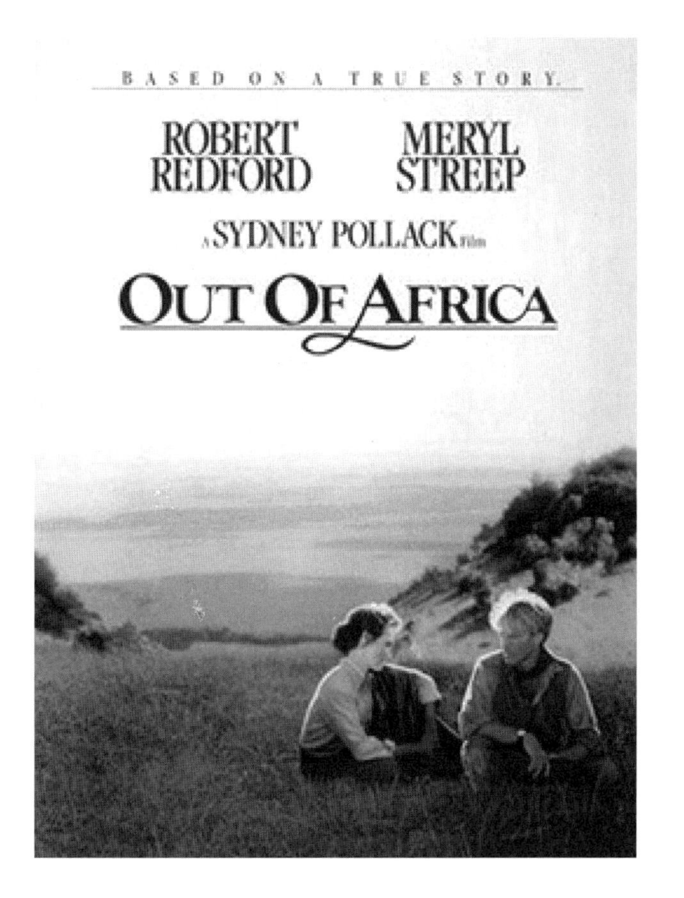

자유를 사랑한 남자 데니스와 경비행기를 타며 행복한 시간을 보내는 카렌. 아프리카의 아름다운 풍광이 그림처럼 펼쳐진다.

진정으로 사랑한 데니스의 장례식에서 데니스를 추모하는 용감하게 삶을 개척하며 살았던 카렌. 예고 없이 찾아온 데니스와의 이별은 카렌을 더욱 슬프게 만들었다.

줄거리

"I had a farm in Africa!(나는 아프리카에 농장을 가지고 있었어요)" 영화의 첫 장면은 이처럼 잔잔한 목소리를 가진 카렌의 해설로 시작된다. 광활한 신비의 대륙, 아프리카의 케냐에서 농장을 가지고 있었다니… 이런 사람들의 삶은 어떠했을까? 아프리카의 신비한 세계가 상상이 된다.

아름다운 모차르트의 클라리넷 협주곡이 광활한 대륙 아프리카의 케냐를 배경으로 주제곡으로 흐르고 있는 용감하게 인생을 개척하면서 살다간 여인의 이야기이다. 평생을 진심으로 사랑했던 자유로운 남자 데니스와의 이루어지지 못한 사랑이야기는 아프리카와 광활하고 아름다운 풍경을 배경으로, 깊은 감동으로 남는다. 이렇게 영화를 통해서 케냐라는 나라에 대해서 알게 되고, 또 그들이 사는 모습, 역사적인 모습, 시대 변화들이 이 영화에 잘 나타나 있다.

아프리카 대륙과 사람들, 그리고 바람처럼 자유로운 남자 데니스를 사랑했던 카렌 블랙센의 자전적 경험을 바탕으로 한 이 영화는 그들의 운명적 사랑과 모험을 아름다운 광활한 사바나 초원을 배경으로 낭만적으로 담아낸다. 덴마크의 부유한 부인 카렌은 충동적으로 애인의 남동생과 결혼하고 아프리카로 오게 된다. 하지만 남편은 커피농장에 관한 말다툼으로 발끈해 집을 나가버린다. 어느 날 사자의 공격을 받게 된 카렌 앞에 데니스가 나타나고, 이들은 운명적으로 사랑을 하게 된다.

카렌은 남편과의 애정 없는 결혼생활을 청산하고, 데니스와 정착해서 안정된 생활을 원하는 카렌과는 달리 타고난 자유인인 데니스는 결혼이라는 구속을 원하지 않았다. 커피농장마저도 도산하고 파산한 카렌에게 데니스의 비행기 사고 소식이 들려온다. 하지만 이 모든 슬픔과 고난을 극복한 카렌은 아프리카에 대한 추억과 데니스에 대한 사랑을 간직한 채 아프리카 대륙을 떠나게 된다. 사랑하는 남자와 결혼을 하고 싶어 하는 여자와, 자유로운 영혼을 갖기를 희망하는 데니스와의 비극으로 끝나는 사랑이야기도 마음을 아프게 한다. 데니스는 인간은 아무것도 소유할 수 없고, 그냥 지나쳐 갈 뿐이라고 말한다.

아프리카와 아프리카 사람들을 사랑한 카렌의 추억에 관한 영화이다. 자유롭게 또 용감하게 인생을 개척하며 살아 간 카렌의 삶을 통해서 현대를 살아가는 젊은이들에게 많은 것을 생각하게 하는 작품이다. 현재에 안주하지 않고 도전적인 삶을 살아야 할 필요성이 있다는 것을 깨우쳐준 영화라고 할 수 있다.

영화를 감상한 후 다음 질문에 답하시오.

1. 이 영화는 자전적 소설을 바탕으로 만들어진 작품이다. 이 작가는 어느 나라 사람인가?

2. 남자 주인공 데니스는 어떤 종류의 사람인가? 사랑하는 여자와 결혼하기를 원하지 않는 데니스의 자유함에 대해서 어떻게 생각하는가?

3. 여자 주인공 카렌의 삶을 통해서 느끼는 점은 무엇인가?

4. 덴마크의 수도는 어디인가?

5. 어린아이들의 동화를 많이 쓴 덴마크의 유명한 작가의 이름은 무엇인가?

6. 아프리카에 있는 나라들의 이름을 적어 보시오. 아프리카에서 경제적으로 가장 부유한 나라는 어디인가?

7. 이 영화의 주제 음악은 누구의 작품이며, 제목은 무엇인가?

8. 사바나 초원은 어디에 있으며, 아프리카의 광활한 자연을 보고 느낀 점은 무엇인가?

9. 아프리카에서 어떤 나라들이 덴마크의 식민지였는가?

10. 백인들이 아프리카의 식민지에서 누리고 살았던 삶에 대해서 느끼는 점은 무엇인가?

아프리카를 배경으로 한 영화들에 대해서 조사해 보시오.

1. 블러드 다이아몬드

2. 호텔 르완다

3. 넬슨 만델라

아름다운 마음 A Beautiful Mind

미국, 2001년 작품

감독 _ Ron Howard
주연 _ 레셀 크로우(Russell Crowe), Ed Harris, Jennifer Connelly
원작 _ Sylvia Nasar

프린스턴 대학에서 수학을 공부했던 천재 수학자이자 경제학자였던 존 내쉬는 정신분열증을 겪으면서 자신만의 상상의 세계에 빠져들게 된다.

프린스턴에서 존 내쉬의 수업을 들었던 엘리사는 존 내쉬의 부인이 되어 평생을 남편을 곁에서 돌보아주면서 모든 역경을 함께 극복한다. 그녀는 진정으로 아름다운 마음을 가진 여인이었다.

 줄거리

1998년 미국 퓰리처상 수상자로 노미네이트 된 Sylvia Nasar의 베스트셀러 작품을 바탕으로 만들어진 영화이다. 정신분열증을 이겨내고 1994년 게임이론으로 노벨경제학상을 받은 천재 수학자 존 내쉬의 실제 삶에 관한 영화이다. 역경을 넘어선 인간 승리에 대해서 생각해 볼 수 있는 영화이다. 한 인간에게 고도의 천재성과 광기가 공존하며 그 속에 발생한 혼란과 좌절을 넘어 궁극적으로 인간성을 회복해 나가는 과정을 볼 수 있다.

존 내쉬가 겪은 정신분열증은 생물학적 원인과 사회적·심리적인 인자들이 종합적으로 작용하여 발생하는 뇌질환이며 망상과 환청, 환각으로 존재하지 않는 것들을 느끼고 믿는 것이다. 존 내쉬의 부인인 엘리사는 끊임없는 사랑으로 그가 치료 의지를 갖도록 용기를 주었다. 그녀는 기적 같은 일이 일어날 것이라고 믿고 존이 병과 싸워나갈 의지를 갖도록 이끌어 주었다.

이렇게 역경을 딛고 1994년에 노벨 경제학상을 수상하게 된 존 내쉬는 수상소감을 "당신은 내가 존재하는 이유이고, 내 모든 존재의 이유"라고 말하고 있다. 요즘처럼 이혼이 많이 늘고 있는 현대사회에서 부부관계의 소중함을 깨닫게 해주는 영화라고 할 수 있다.

영화를 감상한 후 다음 질문에 답하시오.

1. 누구의 삶을 영화화 한 것인가?

2. 정신분열증의 증상은 어떠한가?

3. 존 내쉬는 어떻게 자신의 병을 이겨냈는가?

4. 부인인 엘리사의 희생적인 사랑에 대해서 어떻게 생각하는가?

5. 동료 교수들이 노벨 경제학상을 받게 된 존 내쉬에게 만년필을 건네는 의미는 무엇인가?

6. 이 영화에서 반전은 무엇이라고 생각하는가?

7. 노벨상 수상식장에서 존 내쉬가 한 말은 무엇인가?

8. 이 영화 제목의 의미는 무엇이며, 아름다운 마음을 갖는 사람은 누구인가?

9. 영화를 통해서 진정한 부부관계의 의미에 대해서 자신의 생각을 쓰시오.

모리와 함께한 화요일 Tuesdays with Morrie

미국, 1999년 작품

감독_ Mick Jackon
주연_ Jack Lemmon, Hank Azaria
원작_ Mitch Albom

미치는 졸업 후 16년만에 자신에게 큰 영향을 주었던 모리교수를 찾아간다. Jack Lemmon은 미치의 역으로 에미상을 수상했다.

이 영화는 스포츠기자였던 미치가 대학 스승이었던 모리 교수와 나눈 이야기를 바탕으로 해서 텔레비전 영화로 제작되었다.

줄거리

"스포츠 신문가자로 바쁜 생활을 하던 미치(Mitch)는 어느 날 우연히 TV에서 옛 은사인 모리(Morrie)가 루게릭병으로 투병중이라는 것을 알게 되고, 대학 졸업 후 처음으로 그를 찾아간다. 10여 년의 세월이 흐른 뒤 다시 만났지만 미치와 모리는 묘한 공감대를 형성하게 된다. 모리를 만나면서부터 미치는 자신의 각박한 생활을 새로운 시각으로 바라보게 되고, 급기야는 자신의 일을 뒤로 한 채 매주 화요일이면 모리를 찾아가 그로부터 인생의 의미에 대해서 배우게 된다. 그 과정에서 미치는 자신의 바쁘고 지친 삶에 회의를 느끼게 되고, 자신의 삶을 되돌아보며 애인인 제닌과의 서먹해진 관계를 회복한다. 결국 모리는 루게릭병으로 죽으면서 이들의 마지막 수업을 끝나지만, 미치는 영원히 잊지 못할 삶의 교훈을 받는다."

【DVD 모리와 함께한 화요일 참조】

건강하게 춤을 추는 것을 취미로 삼던 모리 교수가 갑자기 루게릭병을 앓게 되면서, 옛 제자인 미치와 화요일마다 만나면서 그에게 인생의 교훈을 들려준다. 모리는 자신의 병에 대해서 잘 알고 죽음에 대해서 준비한다. 죽음의 문턱에서, 점점 고통은 심해지지만 모리는 그러한 고통을 담담하게 받아들인다. 루게릭병은 척추신경 또는 간뇌의 운동세포가 서서히 지속적으로 파괴되어 이 세포의 지배를 받는 근육이 위축되어 힘을 쓰지 못하게 되는 원인불명의 불치병으로 영국의 세계적인 물리학자 스티븐 호킹이 이 병을 앓고 있다.

미치가 모리 교수와 나눈 이야기의 주제는 다음과 같다.

첫 번째 화요일 : 세상에 대해서 이야기하기
두 번째 화요일 : 자신에 대해서 미안함 느끼기(자기 연민)
세 번째 : 후회에 관해서
네 번째 : 죽음에 관해서
다섯 번째 : 가족에 대해서
여섯 번째 : 감정에 대해서
일곱 번째 : 나이 들어감의 두려움에 대해서
여덟 번째 : 돈에 관해서
아홉 번째 : 사랑은 계속된다(사랑의 지속)
열 번째 : 결혼에 대해서
열 한 번째 : 우리의 문화에 대해서
열 두 번째 : 용서에 대해서
열 세 번째 : 완벽한 하루에 대해서
열 네 번째 : 작별 인사
나의 졸업, 모리의 장례식

【〈모리와 함께한 화요일〉 미치 앨봄 지음. 공경희 옮김. 세종서적. 1998】

영화를 감상한 후 다음 질문에 답하시오.

1. 모리는 무엇을 가르치는 교수였나?

2. 미치가 모리 교수를 다시 만나게 된 계기는 무엇인가?

3. 모리 교수의 성격은 어떠한가?

4. 모리 교수의 부모님은 어디에서 이민 온 사람들인가?

5. 모리가 교수가 되기로 결심한 이유는 무엇인가?

6. 루게릭병의 증상은 무엇인가?

7. 미치가 졸업 후 16년 동안 모리 교수를 잊고 있었던 이유는 무엇인가?

8. 모리 교수와 화요일의 만남을 통해서 미치가 얻은 교훈은 무엇인가?

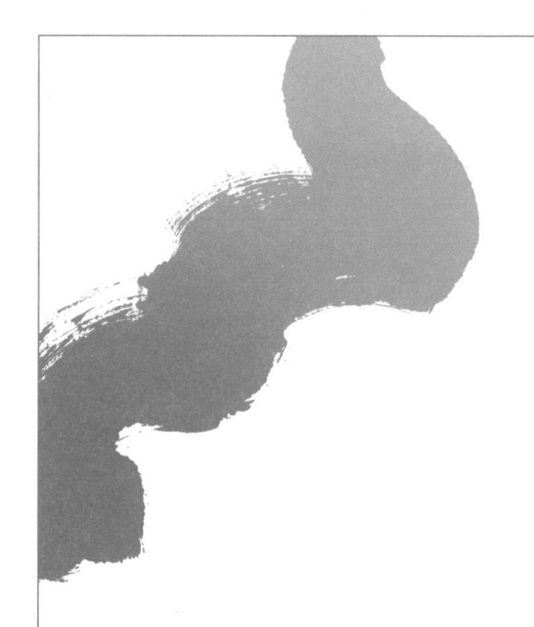

음악가들의 삶과 인생

불멸의 연인 _ 오스트리아
아마데우스 _ 오스트리아

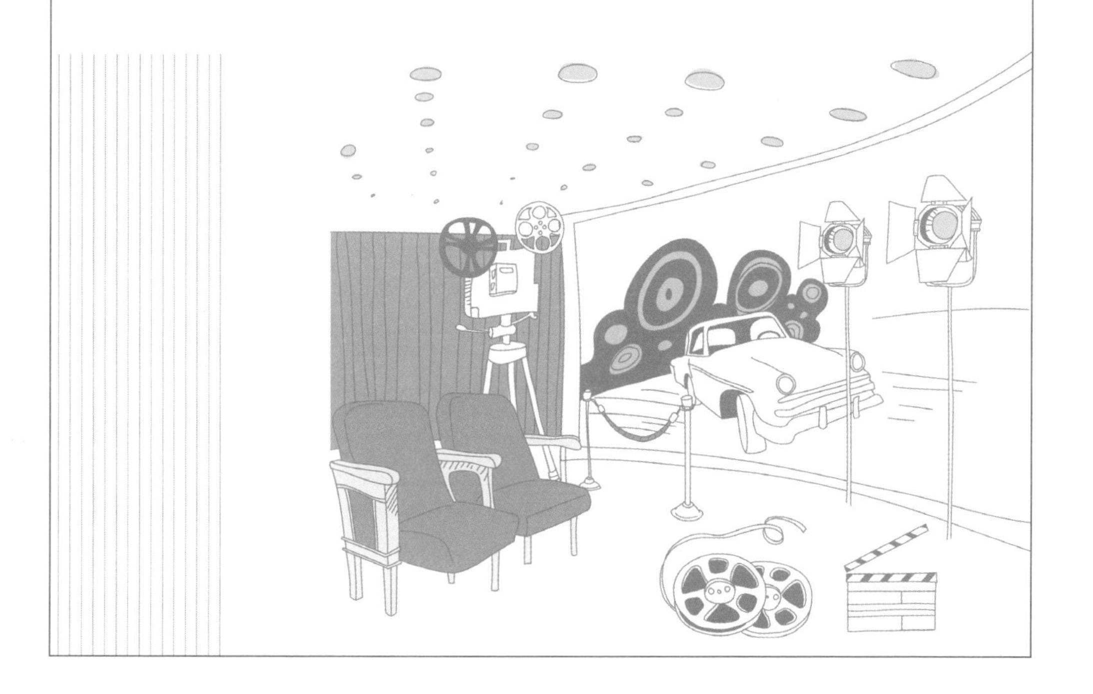

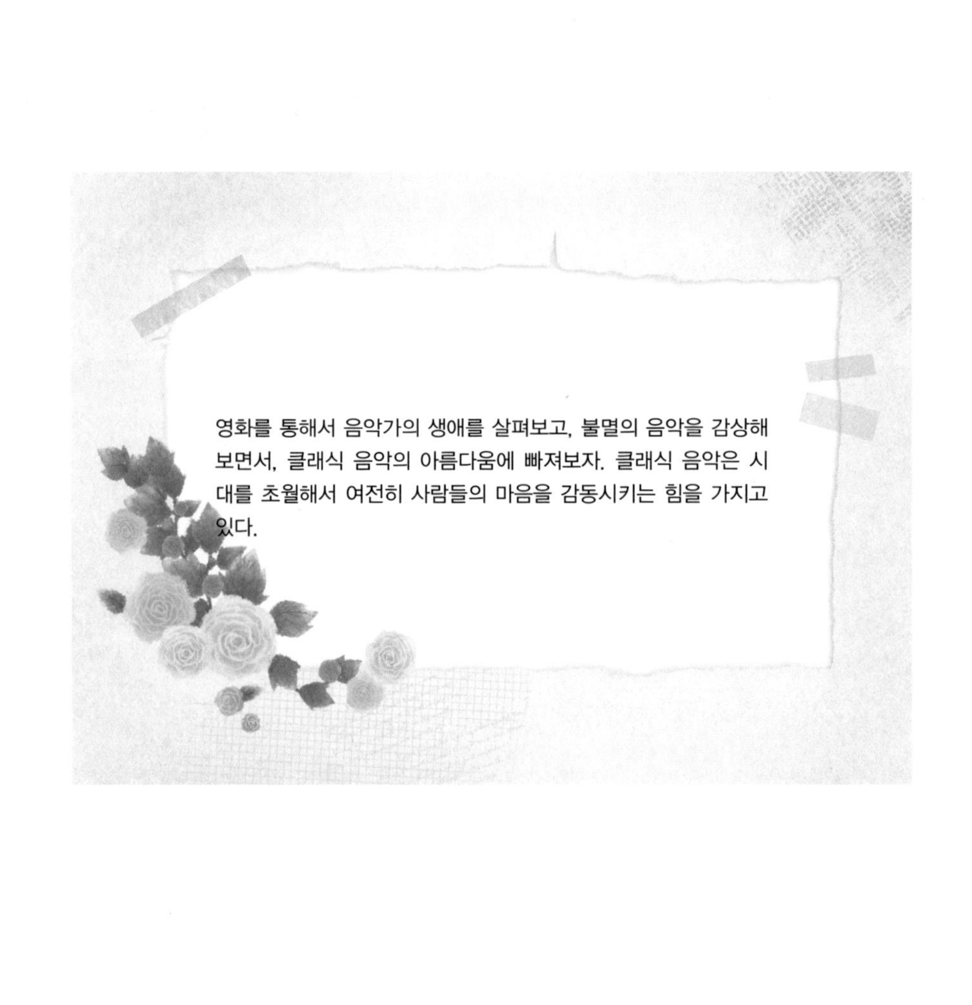

영화를 통해서 음악가의 생애를 살펴보고, 불멸의 음악을 감상해 보면서, 클래식 음악의 아름다움에 빠져보자. 클래식 음악은 시대를 초월해서 여전히 사람들의 마음을 감동시키는 힘을 가지고 있다.

불멸의 연인 Immortal Beloved

오스트리아, 1994년 작품

감독 _ Bernard Rose
주연 _ 게리 올드만(Gary Oldman), Jeroen Krabbe
원작 _ Bernard Rose

청각장애를 앓고 있었지만 불후의 명곡을 남겼던 루드빅 반 베토벤(1770~1827). 오스트리아 비엔나 출신이며 그의 음악은 다음과 같은 것들이 있다.
• 교향곡 3번 영웅
• 교향곡 5번 운명
• 교향곡 7번 합창
• 피아노 협주곡 5번 황제

베토벤이 가장 사랑했던 여인 조안나

줄거리

천재적인 피아니스트이자 작곡자인 베토벤은 25살 전후로 청각장애 현상이 있었지만, 자신의 신체적인 결함을 극복하고 불후의 명작을 남겼다. 베토벤의 생애는 전체적으로 불우했다고 할 수 있다. 평생을 결혼하지 않고 독신으로 살면서 자신의 음악세계를 완성시켰다. 다른 사람들과 어울리기 싫어하는 괴팍한 성격을 가지고 있었고, 어릴 때부터 아버지로부터 혹독한 훈련을 받아야 했다. 베토벤의 아버지는 돈벌이를 위한 수단으로 베토벤을 엄격하게 연습시켰다. 베토벤이 죽음을 맞이했을 때 비엔나의 사람들은 온통 슬픔에 잠겨 있었다. 베토벤의 유산은 베토벤을 정성껏 간호해준 막내 동생 요한에게 상속될 것이라고 믿고 있었는데, 놀랍게도 그의 유서가 발견되면서 새로운 국면을 맞이했다.

베토벤의 친구이자 후원자인 안톤 쉰들러는 유서속의 여인을 찾아 나선다. 쉰들러는 자신도 베토벤과 같은 음악가가 되기를 원했지만, 자신의 한계를 깨닫고 베토벤을 후원하는 것으로 만족한 진실한 친구라고 할 수 있다.

베토벤의 불멸의 연인은 과연 누구였을까? 베토벤의 생애를 통해서 그에게는 몇 명의 여인들이 있었다. 이탈리아 백작의 딸이었던 첫 번째 여인 줄리아는 베토벤의 천재성에 매료되어 결혼을 원했지만 그녀의 아버지 반대로 결혼을 할 수 없었다. 백작부인으로써 베토벤을 사랑했던 두 번째 여인 도리아, 그리고 베토벤의 동생인 카스터의 부인으로 가구 제조자의 딸인 세 번째 여인 조안나이다.

조안나는 평소 베토벤을 사랑했으나 베토벤의 냉정한 태도에 오해를 하고 베토벤의 동생인 카스터와 결혼하게 된다. 이에 충격을 받은 베토벤은 그녀와 영원히 화해할 수 없는 관계가 되어 버렸다. 하지만 베토벤과 조안나 사이에는 한 가지 사건이 있었다. 이들은 베토벤의 동생 카스터를 피해 서로 칼스바그호텔에서 만나 사랑의 도피를 하려고 한다. 하지만 조안나가 호텔에서 기다리고 있었던 사이, 베토벤은 폭풍우를 만나 시간을 넘겨 호텔에 도착하고 만다. 조안나는 이를 오해하고 호텔을 떠나게 된다. 둘 사이의 엇갈린 사랑과 운명으로 인해서 그들은 함께 할 수 없는 운명이 된 것이다. 조안나는 카스퍼와 결혼해서 아들 칼을 낳았지만, 칼은 베토벤의 아들이었던 것이다. 동생 카스퍼가 죽자, 베토벤은 칼을 데리고 와서 훌륭한 음악가로 키우고 싶어한다. 하지만 칼은 베토벤의 혹독한 훈련을 견디지 못하고 다시 조안나에게 돌아간다. 베토벤이 유서 속에 남긴 불멸의 연인은 바로 자신의 아들의 엄마인 조안나였다.

영화를 감상한 후 다음 질문에 답하시오.

1. 베토벤은 어디에서 태어났는가?

2. 베토벤의 아버지는 왜 베토벤을 음악가로 훈련시키고자 했는가?

3. 베토벤의 생애를 어떻게 묘사할 수 있는가?

4. 베토벤의 여인들에 대해서 적어 보시오.

5. 베토벤의 불멸의 연인은 누구이며, 그녀와 사랑이 이루어지지 않은 이유는 무엇인가?

6. 베토벤의 친구이자 후원자는 누구이며, 베토벤의 생애에 그가 끼친 영향은 무엇인가?

7. 베토벤의 아들 칼은 왜 아버지처럼 훌륭한 음악가가 될 수 없었는가?

8. 베토벤의 피아노 협주곡 5번 "황제"는 누구를 위해서 작곡한 것인가?

9. 베토벤의 교향곡 5번 "운명"을 듣고 느낀 점을 적어 보시오.

10. 청각장애를 가졌음에도 불구하고, 이를 극복하고 우리에게 감동을 주는 음악을 남겨준 베토벤에 대해서 자신이 배운 점을 적어 보시오.

아마데우스 Amadeus

오스트리아, 1984년 작품

감독 _ Molis Forman
주연 _ F. Murray Abraham, Tom Hulce
원작 _ Peter Shaffer

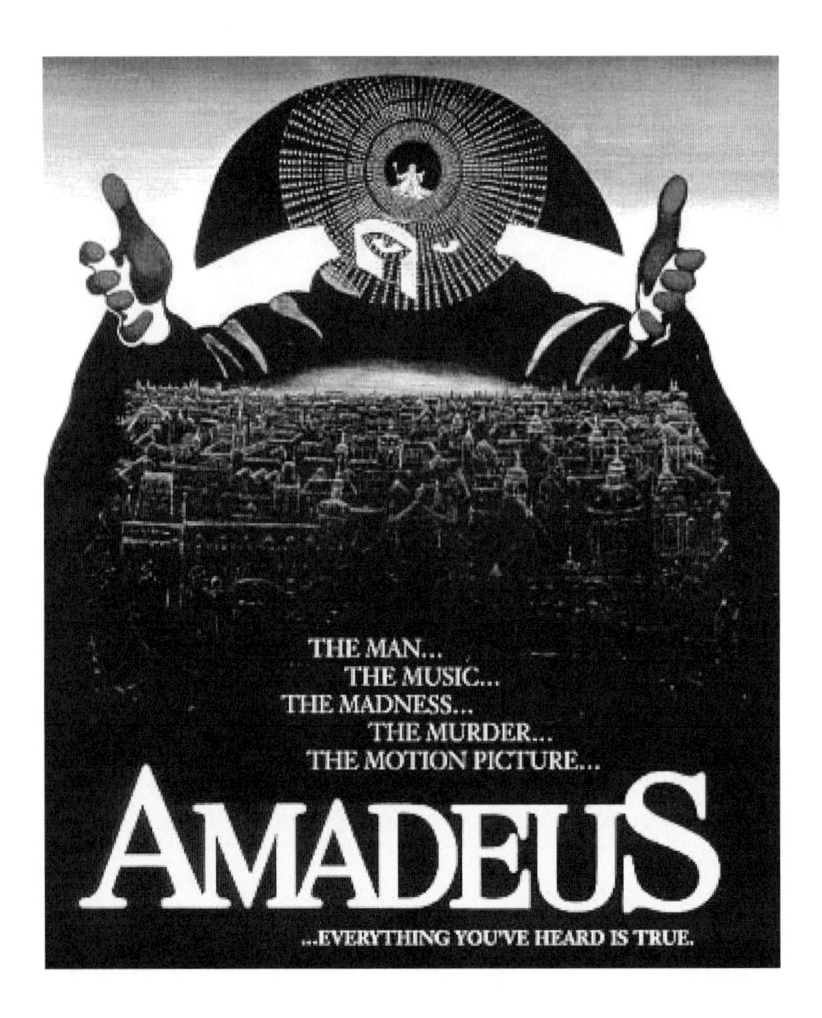

천재 음악가였던 볼프강 아마데우스 모차르트(1756~1791)는 오스트리아 잘츠부르크 궁정악장의 아들로 태어났고 음악의 신동으로 불린다. 형식미를 중시한 고전음악 시대의 전성기를 낳았다. 고전음악의 대가라고 불린다.

모차르트의 천재성에 질투를 느끼게 된 궁정 악장 살리에르

"궁정 악장으로 세인들에게 존경 받던 살리에르에게 모차르트는 경박하고 방자한 젊은이였다. 그러나 그의 음악을 듣고 살리에르는 신을 저주해야만 했다. 모차르트가 만들어내는 음악은 살리에르 자신이 평생을 노력해도 만들어 낼 수 없는 곡들이었으며, 또한 모차르트는 그 아름다운 곡을 아무런 노력도 하지 않고 만들어버렸다. 이런 모차르트의 환심을 사 후원자임을 자청하며 뒤로는 매수한 하녀를 모차르트의 집으로 보내 그를 감시하며 모차르트의 종말을 지켜본다. 알 수 없는 불안감에 휩싸인 모차르트는 거의 광인처럼 행동하고 곡 쓰는 것에 몰두한다. 그런 그의 곁을 아내마저 떠나고 후원자라는 가면을 쓴 검은 그림자 살리에르만이 남게 된다."

【아마데우스 DVD 자켓 참조, 1984】

줄거리

이 영화는 천재 음악가와 그의 라이벌인 궁정음악가 살리에르의 이야기에 관한 것으로 모차르트의 생애 후반 10년간을 다루고 있다.

살리에르는 모차르트를 죽인 자로 등장하며 이탈리아 태생의 음악가이다. 1788년 궁정 작곡가로 임명되었고 오페라, 실내악, 종교음악에서 명성을 쌓았다. 베토벤, 슈베르트, 리스트가 어렸을 때 그의 지도를 받았다.

성공한 궁정 음악가 살리에르는 왜 자신보다 훨씬 어린 모차르트를 죽이려고 했을까? 모차르트는 어릴 때부터 음악의 신동으로 불리며 천부적인 재능을 가지고 있었다. 하지만 살리에르는 아무리 노력해도 모차르트를 따라갈 수 없었다. 많은 사람들에게 즐거움을 선사하는 모차르트의 음악을 듣고, 살리에르는 자신의 위치에 불안감을 느끼기 시작한다. 살리에르는 피나는 노력을 하고, 이에 반해서 모차르트는 천재성과 타고난 재능을 가지고 있었다. 모차르트에게 시기심을 느낀 살리에르는, 그를 이길 수 있는 유일한 방법을 죽이는 방법밖에 없다는 것을 깨닫는다. 질투의 화신이 된 살리에르는 겉으로는 모차르트를 도와주는 것처럼 하면서 서서히 그를 파멸시키기 시작한다.

"모차르트와 살리에르"의 이야기는 여러 작품의 주제가 되었고, 이들의 관계는 우리에게 많은 것을 시사한다. 아무리 노력해도 천재성을 가진 모차르트와 경쟁할 수 없었던 살리에르의 심정도 이해가 가지만, 우리가 알아야 할 것은 천재성이란 노력 없이는 성취할 수 없다는 것이다. 물론 타고난 비범함이 도움이 될 수 있지만, 우리가 진정으로 노력하는 것이 무엇보다도 중요하다고 할 수 있다. 예를 들어, 농구의 황제 마이클 조던, 축구의 박지성, 피겨스케이터 김연아 등은 피나는 노력을 통해서 오늘날의 성공을 이룩할 수 있었던 것이다. 노력만이 진정한 성공의 맛보게 할 수 있고, 또 자신이 정한 결과에 비록 달성할 수 없다 할지라도 그 과정이 중요하다고 할 수 있다. 모든 과정에서 실망하지 않고 묵묵히 최선을 다하는 것이 바로 행복의 지름길이라고 할 수 있다.

영화를 감상한 후 다음 질문에 답하시오.

1. 아마데우스 모차르트는 어느 나라 사람인가?

2. 모차르트는 사람들에게 어떻게 불리고 있는가?

3. 모차르트가 활동한 시대는 무슨 시대라고 할 수 있나?

4. 살리에르는 어느 나라 사람이며, 어떻게 궁정음악가가 되었는가?

5. 모차르트와 살리에르 관계에 대해서 자신의 의견을 적어 보시오.

6. 살리에르는 어떻게 모차르트를 파멸시켰는가?

7. 모차르트는 누구의 부탁으로 아버지를 위해서 진혼곡을 쓰게 되었는가?

8. 모차르트를 죽음으로 몰아간 살리에르는 그 후 어떻게 되었는가?

9. 모차르트의 죽음에 대해서 자신이 느낀 점을 적어 보시오.

10. 모차르트의 음악을 듣고 느낀 점을 적어 보시오.

완벽을 추구하는 발레리나의 심리적 갈등

블랙 스완 _ 미국

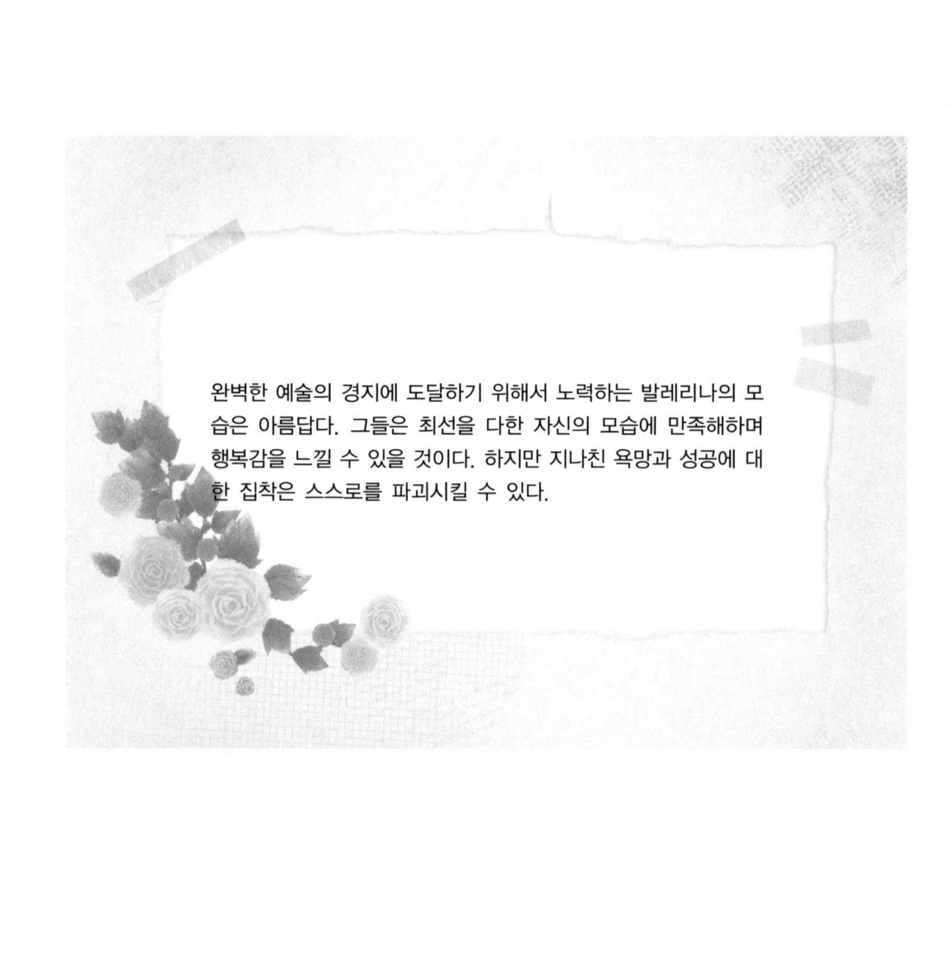
완벽한 예술의 경지에 도달하기 위해서 노력하는 발레리나의 모습은 아름답다. 그들은 최선을 다한 자신의 모습에 만족해하며 행복감을 느낄 수 있을 것이다. 하지만 지나친 욕망과 성공에 대한 집착은 스스로를 파괴시킬 수 있다.

블랙 스완 Black Swan

미국, 2010년 작품

감독_ Darren Aronofsky
주연_ 나탈리 포트만(Natalie Portman), Vincent Cassel
각본_ Mark Heyman

이 영화의 주인공인 나탈리 포트만은 2011년 아카데미와 골든글러브상을 받았다. 백조와 흑조를 연기하는 니나의 심리상태를 그린 심리학적인 스릴러이다.

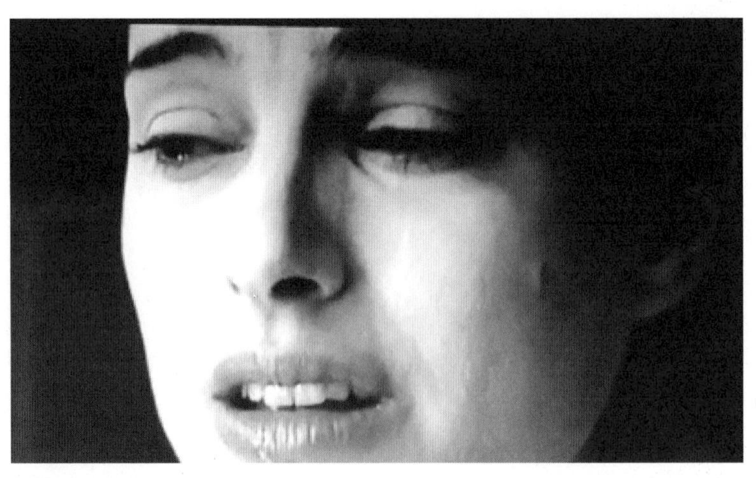

끊임없이 자신을 학대해가면서 완벽한 백조와 흑조의 역할을 연기하려고 노력하는 니나. 나탈리 포트만의 이러한 니나의 심리상태를 잘 표현했다.

나탈리 포트만은 이 영화의 주인공 역할을 맡기 위해서 10개월간 8시간 이상의 강도 높은 발레 연습과 9kg의 체중을 감량하였다. 자신의 역할을 충실히 하려는 여배우의 집념을 통해서, 우리 자신도 과연 자신의 일에 최선을 다하고 있는지 되돌아보아야 할 것이다.

줄거리

뉴욕 시립 발레단의 니나는 엄마의 과보호 아래 오직 발레에만 전념해 테크닉은 단연 뛰어난 발레리나이다. 발레단 단장인 토마스에 의해 가까스로 〈백조의 호수〉 주역으로 발탁되어 백조와 흑조의 1인 2역을 맡아야 하는 니나는 완벽한 백조 연기와 달리 관능적이고 도발적인 흑조 연기가 불안하기만 하다. 게다가 새로 입단한 릴리가 흑조에 어울리는 관능미와 카리스마로 그녀를 위협해 온다. 공연이 가까워질수록 니나는 스타덤에 대한 열망과 세상 모두가 자신을 파괴할 것 같은 불안감에 사로잡힌다. 급기야 자신의 성공을 열광적으로 지지하는 엄마마저 위협적인 존재로 인식하게 된 니나는 내면에 감춰진 어두운 면을 서서히 표출하기 시작한다.

〈백조의 호수〉는 잠자는 숲속의 미녀, 호두까기 인형과 함께 차이코프스키의 3대 발레극으로, 1877년 초연 당시에는 혹평을 받았다. 하지만 지금은 고전 발레극의 대명사가 되었다.

〈백조의 호수〉의 가장 큰 특징은 순수한 오데트(백조)와 악마의 화신인 오딜(흑조)을 한 사람의 발레리나가 연기해야 하는 것이 상례가 되었는데, 이 때문에 〈백조의 호수〉의 프리마돈나를 맡는다는 것은 동경의 대상이자 난이도가 가장 높은 연기에의 도전인 셈이다. 세계 정상의 발레단에서 공연하는 백조의 호수 주역으로 발탁된다면 기쁨과 동시에 고뇌 또한 헤아릴 수 없을 것이다. 〈블랙 스완〉은 바로 여기서 출발한다. 〈백조의 호수〉에서 백조와 흑조의 연기를 공히 최고도로 완성하기를 열망하는 발레리나의 강박과 집착, 라이벌을 향한 질투와 동경이 야기한 내면과의 싸움이 현실과 환상의 경계를 넘나들며 긴장감 있게 펼쳐지는 것이다.

【DVD Black Swan 설명서 참조】

영화를 감상한 후 다음 질문에 답하시오.

1. 〈블랙 스완〉의 뜻은 무엇인가?

2. 〈백조의 호수〉는 누구의 음악을 바탕으로 만들어진 발레극인가?

3. 발레극 〈백조의 호수〉에서 프리마돈나는 어떤 역할을 연기해야 하는가? 백조와 흑조의 특징은 무엇이며 각각 그 이름은 무엇인가?

4. 〈블랙 스완〉의 영화 장르는 무엇인가?

5. 이 영화의 주인공 나탈리 포트만의 연기자로서의 집념을 통해서 느끼는 점을 적어 보시오.

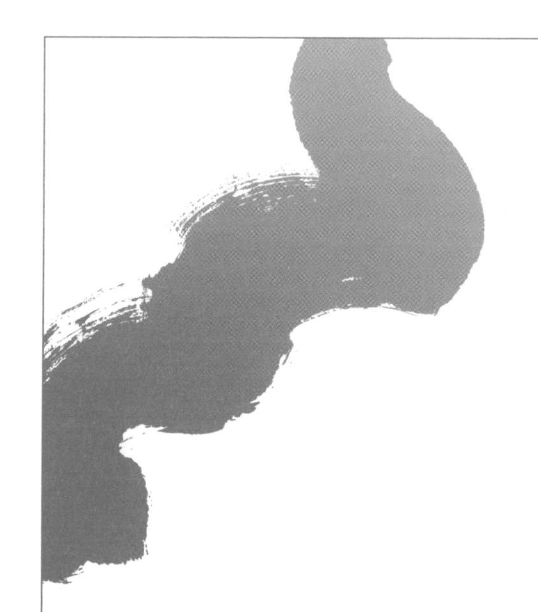

불법체류자들의 애환

언더 더 쎄임 문_ 멕시코

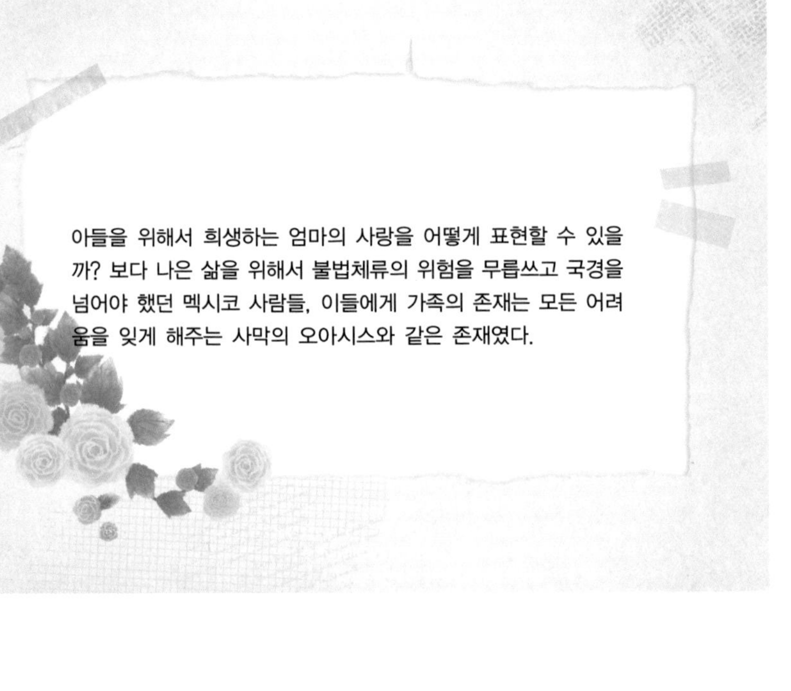

아들을 위해서 희생하는 엄마의 사랑을 어떻게 표현할 수 있을까? 보다 나은 삶을 위해서 불법체류의 위험을 무릅쓰고 국경을 넘어야 했던 멕시코 사람들, 이들에게 가족의 존재는 모든 어려움을 잊게 해주는 사막의 오아시스와 같은 존재였다.

언더 더 쎄임 문 Under the Same Moon

멕시코, 2007년 작품

감독 _ Patricia Riggen
주연 _ Adiran Alonso
원작 _ Ligiah Villalobos

미국으로 일하러 간 엄마를 찾아 미국으로 떠나는 용감한 맥시코 소년 카를리토스

위기의 상황에 처해도 용감하게 극복해 나간다.

줄거리

영화 제목인 〈언더 더 쎄임 문〉은 은은한 달빛 아래서 아메리칸 드림을 위해 국경을 넘는 사람들을 은유적으로 나타내고 있다.

영화에서 위협적인 인물들은 늘 미국인으로 그려진다. 카를리토스의 엄마인 로사리오가 국경을 넘을 때 위협이 되었던 국경 경비대를 비롯하여, 카를리토스의 여행을 위협하는 최대의 적은 이민국 직원들이다. 그뿐이 아니다. 로사리오가 일하는 집의 여주인은 로사리오가 불법체류자라는 점을 악용하여 그녀의 일당을 지불하지 않는다.

〈언더 더 쎄임 문〉은 미국과 멕시코 사이에 놓인 많은 정치적 문제를 다루고 있지만 결국에는 인간애에 호소하고 있다. 이것은 동정에 호소하는 것이 아니라 불법체류자들이 겪고 있는 문제들이 단순히 법적인 문제로 해결해야 할 문제를 넘어서 인간의 기본권을 다루는 문제임을 지적하고 있는 것이다. 우리나라 역시 최근 들어 많은 외국인과 관련된 많은 문제를 안고 있다. 불법 체류자라는 신분을 악용해서 이들의 인권을 유린하면서 부당이익을 취하고 있는 한국인들이 있다.

4백만 명에 달하는 남미여인들이 아이들을 본국에 놔두고 온갖 어려움을 감당하며 미국에서 일하는 단 한 가지 이유는 가족들에 대한 사랑이라고 생각한 파트리샤 리겐 감독은 모자간의 사랑과 함께 이민자들의 아픈 이야기까지 풀어낸 〈언더 더 쎄임 문〉의 시나리오를 읽고 단번에 연출을 결심했다. 〈언더 더 쎄임 문〉은 자칫 어둡고 무거워질 수 있는 소재를 여성 감독의 따뜻하고 긍정적인 시선으로 풀어냄과 동시에, 주인공 까를리토스의 순수함까지 더해 더욱 깊은 감동과 뜨거운 눈물을 선사한다.

엄마와 아들의 국경을 뛰어 넘은 사랑을 다룬 감동적인 스토리와 아름다운 멕시코 음악, 귀여운 외모와 마음을 사로잡는 뛰어난 연기를 선보인 아역배우 아드리안 알론소의 뛰어난 연기를 감상할 수 있다. 'LA, 도미노 피자집 건너, 버스정류장 옆, 공중전화'라는 엉뚱하고도 황당한 단서 하나만으로 국경을 넘어 엄마를 찾아 떠나는 9살 멕시코 소년 까를리토스의 일주일간의 여정을 다룬 감동 드라마이다.

불법 체류자들은 항시 이민국의 급습에 대비해 마음 졸여야 하고, 불법 해고를 당하고, 임금을 떼이면서도 불법 체류자라는 신분 때문에 조용히 물러서야 한다. 한국에도 제 3세계에 있는 나라에서 온 불법 체류자들이 있어서 그들이 종종 불이익을 당하고 있다는 이야기가 들려오고 있다.

영화를 감상한 후 다음의 질문에 답하시오.

1. 미국의 캘리포니아 지역에 가면 멕시코인들이 많이 일을 하고 있다. 멕시코인들이 위험을 무릅 쓰고 미국에서 불법으로 체류하면서 일을 하는 이유는 무엇인가?

2. 미국에는 약 몇 명의 멕시코인들이 불법으로 일하고 있는가? 이들은 주로 어떤 일을 하고 있는가?

3. 〈언더 더 쎄임 문(Under the same moon)〉이라는 표현은 은유적으로 무엇을 뜻하는가?

4, 아메리칸 드림(American dream)은 무엇을 의미하는가?

5. 멕시코는 어디에 위치해 있으며, 미국과 무슨 관계가 있는가?

6. 이 영화를 보고 느낀 점은 무엇인가?

감옥에서의 삶, 구속으로부터의 자유

쇼생크 탈출 _ 미국

감옥은 어떠한 이유에서든지 사회에 해를 끼친 사람들이 가는 곳이다. 이곳에서의 삶은 어떠할까? 또 하나의 세계가 펼쳐지고 있다. 이처럼 감옥에서의 이야기를 다룬 작품들이 많이 있다. 구속받는 자와 구속하는 사람들의 관계를 어떻게 표현할 수 있을까? 수십 년을 감옥에서 보낸 사람이 석방되어 일상생활로 돌아왔을 때 느끼는 외로움 등도 생각해 보아야 할 것이다.

쇼생크 탈출 The Shawshank Redemption

미국, 1994년 작품

감독_ Frank Darabont
주연_ Tim Robinson, Morgan Freeman
각본_ Frank Darabont

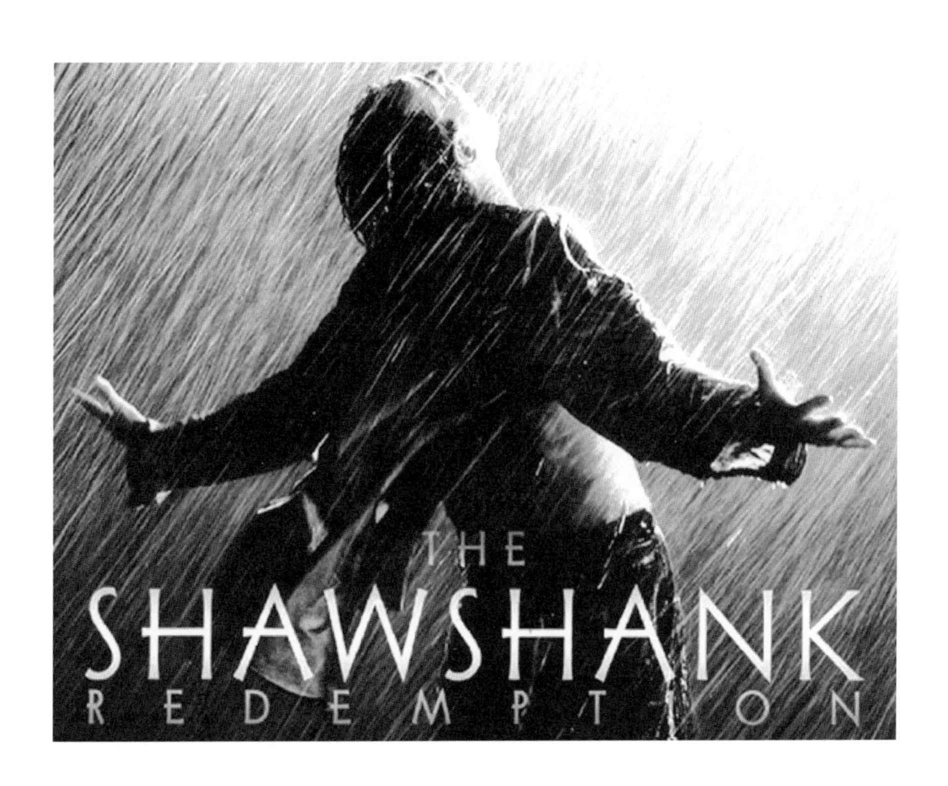

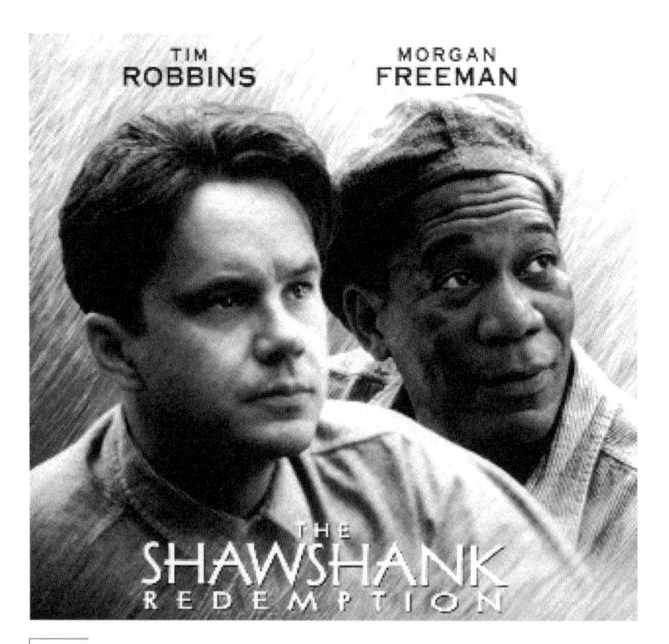

연기파 배우 팀 로빈슨과 모건 프리만의 연기가 돋보이는 영화이다. 감옥에서의 생활을 다룬 이야기로 대표적인 감옥드라마의 하나이다. 미국인들이 가장 좋아하는 영화 중의 하나라고 할 수 있다.

줄거리

젊고 유능한 은행 간부였던 앤디는 부인과 그녀의 정부를 살해했다는 죄목으로 두 번의 종신형을 선고 받고 쇼생크 교도소에 수감된다. 감옥은 또 하나의 세계라고 할 수 있다. 일반 사람들이 상상하기 힘든 일들이 감옥에서 벌어질 수 있다. 감옥에서 그는 흑인 레드를 만나게 되고, 서로 가까워진다. 엘리트로 살아온 앤디는 어쩔 수 없이 폭력적인 감옥에 나름대로 적응해가며 생활해 가고 있다. 자신이 처한 상황을 피할 수 없다면 받아들이면서 적응해 가는 것이 현명한 선택일 수 있다.

그러던 어느 날 감옥 밖에서 건물 지붕 보수공사에서 앤디와 레드를 비롯한 동료들이 착출되어 우연히 그의 재능을 살려 간수에게 세금 감면에 대한 조언을 해 주고 있다. 그 대가로 맥주를 동료에게 선물한다. 죄수들이 한가로이 맥주를 마시면서 잠시나마 자유를 만끽하게 해 준 앤디는 일종의 행복감을 느낀다. 인간의 행복이란 이렇게 사소한 것에서부터 출발할 수 있다. 이후 그는 감옥에 있는 도서관에서 일하게 되고, 간수들의 세금정산을 도와준다. 오랜 기간동안 그는 제법 구색을 갖춘 도서관도 만들고 아름다운 음악을 죄수들에게 들려주는 등 변화를 모색한다. 하지만 신참에게 들은 자신의 무죄를 입증할만한 이야기를 간수에게 하자 간수는 그 신참을 살해한다.

중요 인물들은 다음과 같다. 앤디는 젊고 유능한 은행 간부로써 억울하게 누명을 쓰고 감옥에 가게 되는 인물이다. 레드는 관객이 동일시하게 되는 인물로써 감옥에서 자신의 인생을 보내게 되는 인물이며, 세 번의 탄원서를 제출하게 된다.

수감생활 : 20년째, 탄원서가 거절됨
30년째, 탄원서가 거절됨
40년째에 탄원서를 내고 드디어 감옥에서 석방된다.

레드는 감옥에서 생활했을 때는 모든 것을 처리할 수 있는 능력 있는 사람이었지만, 40년 동안 지냈던 감옥을 벗어난 그는 아무런 지위도, 정체성도 없는 사람이 된다. 감옥에서 석방되어 일상생활로 돌아온 레드는 모든 것이 새롭고 적응하기 힘든 또 하나의 세계가 된다. 모든 것을 허락을 받아야만 했던 감옥에서와는 달리, 이제는 자신의 의지로 살아가야 하는 일상에서 레드는 좌절을 하게 된다.

브룩스는 감옥에서 도서관 사서였는데, 석방되고 난 후 자유로운 분위기에서 고독을 느끼며 방황을 하게 되고, 결국은 자살로 일상을 마감하게 된다. 부패한 교도소장 노튼은 겉으로는 기독교인이지만 위선적인 인물이다.

누구나 어려운 환경에 처할 수 있다. 이러한 상황에 직면했을 때, 이를 극복하기 위해서 어떻게 받아들이느냐는 자신의 선택이다. 끝까지 희망의 끈을 놓지 않고 자신이 처한 상황을 극복하기 위해서 노력하는 자세를 앤디를 통해서 배울 수 있다.

영화를 감상한 후 다음의 질문에 답하시오.

1. 앤디가 감옥에 가게 되는 이유는 무엇이며, 감옥에서 어떻게 적응해 나가는가?

2. 앤디는 감옥에서 어떻게 탈출하여 새로운 삶을 찾게 되는가?

3. 기독교인이지만 부패한 교도소장 노튼에 대해서 어떻게 생각하는가?

4. 도서관 사서 브룩스는 감옥에서 평생을 복역한 후에 석방된다. 자유로운 삶을 찾은 브룩스의 최후는 어떠했는가?

5. 40년간 감옥에 살았던 레드가 석방되어 일상생활에서 적응하지 못하는 이유는 무엇인가?

6. 앤디가 감옥에서 보냈던 삶과 석방되고 난 후의 삶은 어떻게 다른가?

7. 감옥의 죄수들의 삶을 다룬 영화를 보고 느낀 점은 무엇인가?

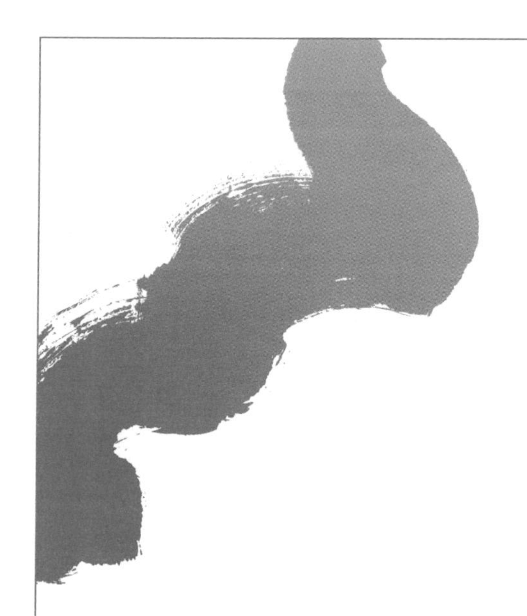

제 3세계의 이야기들

연을 쫓는 아이_ 아프가니스탄
천국의 아이들_ 이란

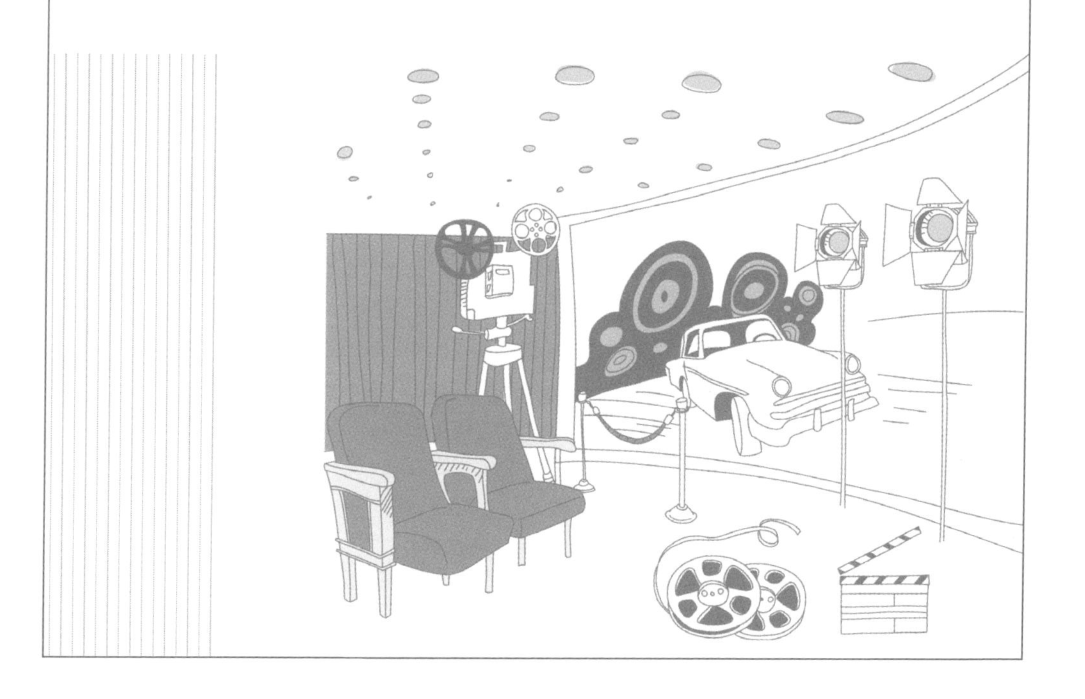

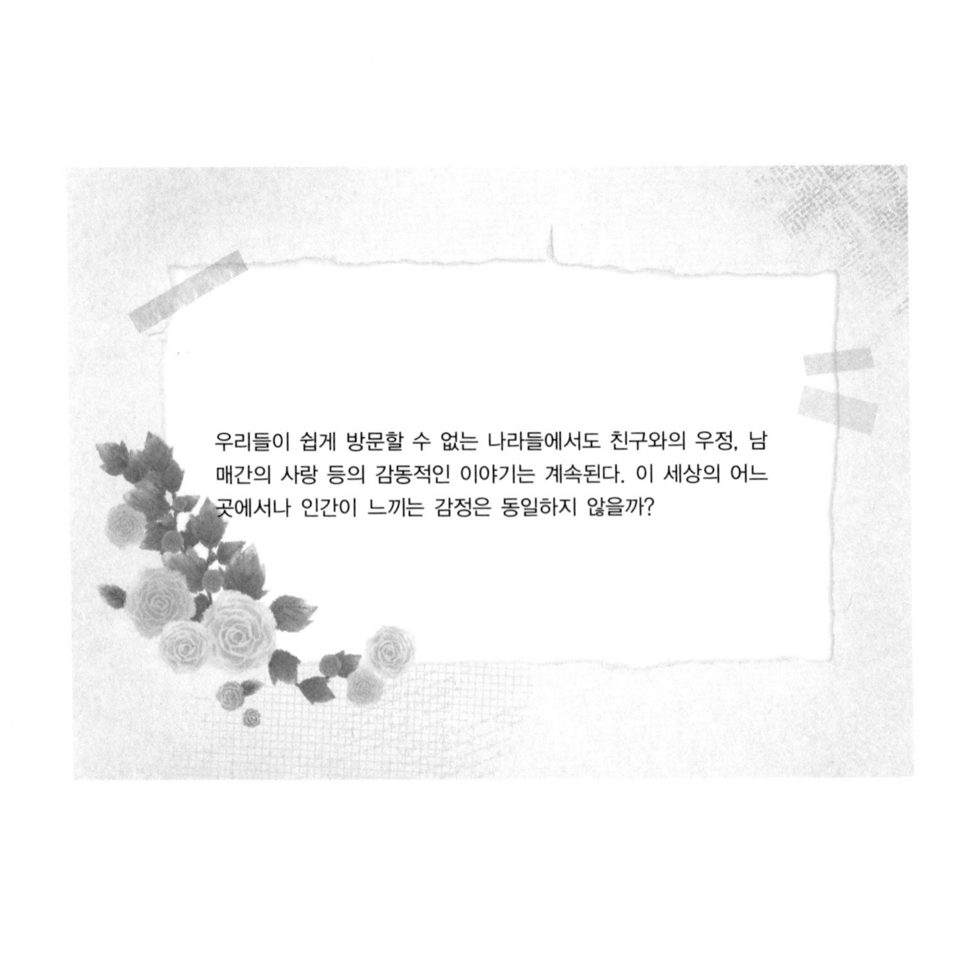

우리들이 쉽게 방문할 수 없는 나라들에서도 친구와의 우정, 남매간의 사랑 등의 감동적인 이야기는 계속된다. 이 세상의 어느 곳에서나 인간이 느끼는 감정은 동일하지 않을까?

연을 쫓는 아이 The Kite Runner

아프가니스탄이 배경임, 2007년 작품

감독 _ Marc Forster
주연 _ Khalid Abdalla, Zekeria Ebrahimi
원작 _ Khaled Hosseini

연날리기 대회에 참가한 아미르와 하산. 아미르는 연을 날리고, 하산은 아미르의 연을 쫓아가서 찾아오는 충실한 하인이다. 아프가니스탄에서 연날리기 대회는 큰 행사이다.

하산은 아미르의 하인이지만, 사이좋은 친구로 지낸다. 하산은 아미르를 위해서 모든 것을 희생하면서 돌보아 준다. "For you, thousand times."

아미르가 성인이 된 후에 아프가니스탄을 방문했을 때, 아미르는 자신의 조국에 대해서 이방인처럼 느낀다. 간음한 여인을 공개 처형한 모습을 본 아미르는 비애를 느낀다.

"연을 쫓는 아이"는 아프가니스탄에서 어린 시절을 보내고, 정치적인 문제로 미국으로 이민 간 Khaled Hosseini가 영어로 쓴 소설이다. 아프가니스탄이 처음으로 영어로 쓴 소설이라는 점에서 매우 의미가 있다.

Hosseini는 아프가니스탄에서 부유하게 태어났으나, 미국으로 이민 온 후에 의사가 되었다. 어릴 때부터 글을 쓰기를 좋아해서, 아프가니스탄에 대한 이야기를 소설로 써서 발표했다. 지금까지 잘 알지 못했던 나라인 아프가니스탄에 대해서 세계의 여러 나라 사람들에게 알려지게 된 계기가 되었다. 아프가니스탄에서 어린 시절에 같이 지냈던 친구와의 우정, 그리고 연민, 죄책감 등을 잘 묘사하고 있고, 소련의 침공을 받기 전의 평화로운 아프가니스탄의 모습을 볼 수 있다.

줄거리

부유한 집에서 태어난 아미르와 그의 하인 하산은 하자라족으로서 신분은 다르지만 서로를 믿고 아끼는 둘도 없는 친구로 지낸다. 그리고 아미르가 12세 되던 해 겨울, 손꼽아 기다리던 연싸움 대회에서 우승을 거머쥐지만, 두 소년에게 돌이킬 수 없는 큰 사건이 발생한다. 언제나 자신을 지켜주는 하산과는 달리, 하산이 다른 남자아이들에게 폭행을 당하게 되었을 때, 아미르는 두려워서 방관할 수밖에 없었다. 아미르는 친구를 모른 척 했다는 죄책감에 괴로워하면서 하산과 거리를 두기 시작한다. 소련이 아프가니스탄을 침공하게 되었을 때, 부유하게 지내던 아미르는 아버지와 함께 미국으로 이민을 오게 되고, 하산과는 자연스럽게 헤어지게 된다. 소설가로 성장한 아미르에게 하산과의 관계를 회복할 한 통의 전화가 걸려온다. 하산의 아들이 위험에 처했다는 것이다. 아미르는 이번 기회에 하산에 대한 죄책감을 갚을 수 있는 계기로 생각하고, 위험을 무릅쓰고 하산의 아들 스랍을 구하기 위해 자신의 고국인 아프가니스탄으로 가게 된다.

성인이 되어 방문한 자신의 고국에서 아미르는 이방인과 같은 느낌을 받게 된다. 탈레반이 지배하고 있는 아프가니스탄은 너무나 변해 있었기 때문이다. 무사히 스랍을 구해 미국으로 돌아온 아미르는 스랍을 입양함으로써 행복한 가정을 이루게 된다. 이로써 하산에 대한 참회의 기회를 갖게 된다. 굴곡 많은 아프가니스탄의 역사를 배경으로 한 가슴 아픈 이야기이다.

자신과 가까운 친구가 어려움에 처하게 되었을 때, 도와줄 수 있는 용기가 필요할 것이다. 이를 방관한다는 것은 무책임한 것이라고 작가는 말하고 있다. 이 영화를 통해서 우리가 쉽게 방문할 수 없는 아프가니스탄의 역사와 문화를 이해할 수 있다.

영화를 감상한 후 다음 질문에 답하시오.

1. 아프가니스탄은 어디에 위치해 있으며 수도는 어디인가?

2. 아프가니스탄은 언제 구소련의 침공을 받았는가?

3. 텔레반의 지배를 받기 전의 아프가니스탄의 모습은 어떠했는가?

4. 이 영화에 등장하는 아미르와 하산의 관계는 무엇인가?

5. 아미르의 아버지인 바바의 비밀은 무엇인가? 바바가 하산을 아끼는 이유는 무엇인가?

6. 아미르가 하산에게 느끼는 죄책감의 원인은 무엇인가?

7. 아미르는 어떻게 하산에 대한 속죄를 하는가?

8. 아프가니스탄에서 연날리기 대회가 갖는 의미는 무엇인가?

9. 아프가니스탄에서 인종적인 갈등은 무엇인가? (파쉬툰족과 하자라족)

10. 마지막 장면에서 아미르가 하산의 아들인 스랍과 연날리기를 하면서 스랍에게 약속하는 말은 무엇인가?

천국의 아이들 Children of Heaven

이란, 1997년 작품

감독 _ Majid Majidi
주연 _ Amir Farrokh Hashemian, Bahare Seddiqi
원작 _ Majid Majidi

가난하지만 꿈을 잃지 않는 남매 오빠인 알리와 여동생인 자라의 감동적인 이야기이다. 물질 만능주의인 사회에 살고 있는 현대인들에게 아직도 어려운 환경에 처해 있는 사람들이 많다는 것을 다시금 깨닫게 해 준 영화라고 할 수 있다. 인간은 자신이 처해 있는 환경에 만족하지 않고, 자신보다 훨씬 나은 환경에 있는 사람들을 부러워하는 경향이 있다. 이러한 이유 때문에 더욱 탐욕스럽게 되고, 행복하지 않다고 생각하는 사람들이 많이 있다. 하지만 우리 주위에는 생각하는 것보다 훨씬 어렵게 사는 사람들이 많이 있다. 현재 자신이 처해있는 위치에 감사하면서, 어려운 환경에 있는 사람들을 이해할 수 있는 마음이 필요한 때이다.

영화의 배경은 이란의 도시 테헤란의 어느 가난한 가정이다. 초등학생 알리는 방금 수선한 여자 동생 자라의 구두를 잃어버린다. 단 한 켤레 밖에 없는 구두를 잃어버린 자라는 구두가 없어 학교에 갈 수 없게 되었다는 사실에 눈물을 글썽이게 된다. 알리는 여자 동생 자라에게 구두를 꼭 찾아주겠다고 약속하며, 자신의 운동화를 함께 신자고 제안한다.

1960년대 우리나라에서는 초등학교에서도 학생들의 수가 많아서 오전반과 오후반으로 나누어서 수업을 했던 적이 있다. 지금은 아득한 이야기처럼 들리지만, 우리나라에서도 이렇게 가난하고 힘든 시절이 있었지만 지금은 세계도 놀란 만한 경제성장을 이룩했다. 현재는 아이들의 인구가 점점 줄어들어, 초등학교 입학생 전체가 50명도 안 되는 학교도 있다고 한다.

오전반인 자라와 오후반인 알리가 운동화를 나누어 신게 된다. 신발을 구입할 수 없는 어려운 환경에 있는 아이들을 이해할 수 있을까?

줄거리

어느 날 알리는 지각을 하고 교장 선생님의 눈에 띄게 된다. 알리는 사실을 말할 수 없어 이리저리 둘러대며 당황한다. 자라가 운동화를 개천에 빠트린 날, 알리는 또 지각을 해 교장 선생님께 꾸중을 듣게 된다. 퇴학의 위기를 맞지만 담임선생님 덕에 간신히 모면하게 된다. 자라 역시 곤란한 상황에 처하게 된다. 오빠가 지각할까 두려워 시험도 푸는 둥 마는 둥 달려오기 바쁘다. 운동화 한 켤레를 나눠 신느라 숨이 턱에 닿도록 골목골목을 누비는 남매의 모습이 한 없이 가여울 뿐이다.

그러던 어느 날, 교정에서 자신의 구두를 신은 아이를 목격한 자라는 오빠와 함께 그 애의 뒤를 밟는다. 그러나 그 소녀의 아버지가 장님이며 자신들보다 더 가난한 집에서 산다는 사실을 알게 되자 남매는 구두를 돌려받기를 포기한다. 자신보다 더 어려운 환경에 있는 아이를 생각하는 마음이 기특하다.

며칠 후, 알리는 전국 어린이 마라톤대회의 3등상 상품이 운동화라는 사실을 알게 된다. 알리는 대회에 참가하기 위해 체육선생님에게 간절히 애원한다. 선생님은 처음엔 알리를 무시했지만, 알리의 달리기 실력을 테스트해 본다. 매일 매일 골목을 달렸던 알리의 달리기 실력에 선생님은 감동되어 그를 학교 대표로 내보낸다. 대회에 나가게 된 알리는 자라에게 꼭 3등상을 받아올 것을 약속한다. 대회가 시작되고, 자라는 3등상을 받기 위해 최선을 다한다.

천국의 아이들은 과연 어떤 아이들일까? 어려운 환경에서 살고 있지만, 끝까지 꿈을 포기하지 않고 살아가는 아이들일 것이다. 이 세상에는 생각보다 훨씬 많은 아이들이 어려운 환경에서 살고 있다. 충분히 1등을 할 수 있지만, 3등의 상품이 운동화라는 것을 알고, 3등이 되기를 원하는 알리의 모습을 통해서 동생을 사랑하는 마음을 엿볼 수 있다.

영화를 감상하고 다음 질문에 답하시오.

1. 이 영화에서 남매의 이름은 무엇인가?

2. 이란은 어느 곳에 위치해 있으며, 이들의 종교는 무엇인가?

3. 자신이 처해있는 환경과 자신보다 못한 환경에 살고 있는 사람들에 대해서 어떤 생각을 가지고 있는가?

4. 달리기 대회에서 1등을 할 수 있지만, 알리가 3등을 해야 하는 이유는 무엇이고, 알리의 이러한 심정에 대해서 어떻게 생각하는가?

5. 이 영화에서 이야기하고자 하는 교훈은 무엇인가?

참고문헌

1. 〈영화 속의 도시〉. 구동의 엮음. 2008. 도서출판 한울
2. 〈주제별로 보는 우리 생애 최고의 영화〉. 허상문 지음. 2009. 열린시선
3. 〈위대한 영화 : 시대를 초월한 걸작 영화와의 만남〉. 로저 에버트 저. 2002. 을유문화사
4. 〈원종원의 올 댓 뮤지컬 : All That Musical〉. 원종원 지음. 2006. 도서출판 동아시아
5. 〈모리와 함께한 화요일〉 미치 앨봄 지음. 공경희 옮김. 1998. 세종서적
6. 〈영화보다 흥미진진한 영화 리뷰 쓰기〉. 김봉석 지음. 2008. 랜덤하우스 코리아
7. www.youtube.com

【참고한 DVD】

1. 오만과 편견(영국)
2. 마이 페어 레이디(영국)
3. 레 미제라블(프랑스)
4. 오페라의 유령(프랑스)
5. 의사 지바고(러시아)
6. 아웃 오브 아프리카(케냐)
7. 작은 아씨들(미국)
8. 언더 더 쎄임 문(맥시코)

9. 토끼 울타리(호주)

10. 어둠속의 댄서(덴마크)

11. 디어 헌터(미국, 베트남 전쟁이 배경임)

12. 아름다운 마음(미국)

13. 블랙 스완(미국)

14. 모리와 함께한 화요일(미국)

15. 에비타(아르헨티나가 배경임)

16. 티베트에서의 7년(티베트가 배경임)

17. 불멸의 연인(오스트리아)

18. 아마데우스(오스트리아)

19. 피아니스트(폴란드가 배경임)

20. 쇼생크 탈출(미국)

21. 연을 쫓는 아이(아프가니스탄이 배경임)

22. 천국의 아이들(이란)

23 인생은 아름다워(이탈리아)

24. 킬링필드(캄보디아)

25. 맘마 미아(그리스)

이 책의 모든 사진들은 DVD와 유튜브에서 캡쳐한 것들임.

저자약력

서은미

호원대학교 영어과 교수
한남대학교 영어영문학과 졸업(문학사)
숭실대학교 대학원 영어영문학과 졸업(문학 석사)
University of the Philippines, Diliman, Quezon City(영어교육학 박사)
미국 Saint Michael's College, Vermont, TESOL 자격증

【경력】
미국 버몬트 Saint Michael's College, TESOL 자격증 과정 객원교수 역임
미국 하와이 University of Hawaii 교환교수(플브라이트 장학금)
미국 인디애나 Ball State University 영어영문과 교환교수
몽골 울란바토르 Mongolia International University, TESOL 대학원 객원교수 역임

영화에 나타난 세계의 문화와 역사

2012년 3월 5일 초판 1쇄 인쇄
2012년 3월 10일 초판 1쇄 발행

저 자 서 은 미
발행인 寅製 진 욱 상

저자와의 합의하에 인지첩부 생략

발행처 백산출판사
서울시 성북구 정릉3동 653-40
등록 : 1974. 1. 9. 제 1-72호
전화 : 914-1621, 917-6240
FAX : 912-4438
http://www.ibaeksan.kr
editbsp@naver.com

값 13,000원
ISBN 978-89-6183-582-4